通勤大学MBA1

マネジメント〔新版〕

慶應義塾大学ビジネススクール教授
青井倫一＝監修 グローバルタスクフォース＝編著
Michikazu Aoi GLOBAL TASKFORCE K.K.

通勤大学文庫
STUDY WHILE COMMUTING
総合法令

新版の出版に際して

２００２年初版の「通勤大学ＭＢＡ」シリーズは、複雑な経営理論をシンプルに1項目見開き2ページにまとめたガイドとして創刊1年で15万部、２０１０年現在でのべ55万部を超える大ヒットシリーズとして認知されてきました。

経営の基本原則は普遍的なものであり、必ずしも改訂版の出版が必要なわけではありません。しかし、この度、ＭＢＡの「知識」を「知恵」にするための「気づき」を少しでも与えられる内容へと刷新することを目的に、改訂版の出版が決定しました。

1トピック見開き2ページ（８００語＋図表）という非常に限られた誌面の制約の中ですが、できる限り思考の幅を広げられるように、以下のような改訂を行いました。

・文章内の強調ポイントの明示化（太字・フォントの差別化）
・図表および事例の更新、差し替え
・理論の背景にある落とし穴や重要ポイントの追加
・実践時のヒントとなるコラムの追加

ぜひ読者の皆様も、単に「知識」として覚えるのではなく、この知識が他のどの理論と関連しており、さらにそれが適応される現場のどの環境が変化したときに、どんな状況（メリット、デメリット）が想定され、それに基づいて「自社または自身として意思決定をすべきか？」という経営上の意思決定に関わる「つながり」とその前後にある「行間」を頭の中でシミュレーションしながら読んでいただければ幸いです。

■なぜＭＢＡにおける基礎科目を学ぶのか　～世界のビジネスマンの共通言語～

本書で取り上げるテーマである「マーケティング」、「アカウンティング」、「ファイナンス」、「人的資源管理と組織行動」、「ストラテジー」は国内外の経営大学院におけるＭＢＡコースの必須科目となっているものです。また、「クリティカルシンキング」は、論理的な思考能力を身につけるための科目ですが、前述したこれら5つの科目の諸要素を実際の経営に役立てていく際に不可欠となる科目です。これらの内容は、グローバルビジネスの世界においては、共通言語となっています。これらの共通言語を体系的に学ぶ意義は、すべての分野において広く理解をすることで、社内外問わずあらゆる意思決定のために、様々な部署や立場の人と共通の土俵で議論できることにあります。たとえば、商品を売るために多くの予算を取りたい営業・マーケティング部と経費圧縮に加え残りの予算の適正配分を行う必要がある財務部の間の議論がしばしば噛み合わず、社内トラブルの元となるのは、お互いの前提と状況を理解することなく、バラバラのレベルでの定義の下で感情的な議論を行うからです。現実的な問題に対する共通の解を得るためには、あらゆる前提と状況下における共通の認識と言語を持つことがスタート地点となります。

■本書の構成

本書は以下のとおり構成されています。まず第1章には、ビジネスの一番の基本である、市場への適合を目指す「マーケティング」を論じます。そして第2章では、物事を論理的・批判的に考える力を身につけるための「クリティカルシンキング」を扱います。また重要な経営資源であるカネ、ヒトを扱う「アカウンティング」（第3章）、「ファイナンス」（第4章）、「人的資源管理と組織行動」（第5章）を扱っています。そして第1章から第5章までを統合する「経営戦略」を第6章で扱います。見やすさに配慮し、見開き2ページで、1つのテーマが完結するようまとめてあります。

■謝辞

本書の出版にあたり、様々な方々にご協力をいただきました。とりわけ、監修において貴重なアドバイスを頂戴した慶應義塾大学ビジネススクール教授の青井倫一先生に深くお礼を申し上げます。

通勤大学MBA1

マネジメント〔新版〕

■目次■

第4節 マーケティングミックスの構築

第1章
マーケティング

モノが売れない今の時代こそ、どのような業種の、どのような部署に所属している
ビジネスマンでも（たとえエンジニアであっても）、マーケティングの発想と知識は
必要不可欠です。本章では、そのようなニーズに応えるべく、マーケティングの基本
概念をわかりやすく、体系的に学べる内容で構成してあります。

第1節では、そもそも「『マーケティング』って何？」という定義を確認した上で、
企業におけるマーケティングの本来の役割、そして、その実行プロセスを俯瞰します。

第2節では、前節で見たマーケティング計画策定のプロセスのスタートとなる環境
分析、及びマーケティングリサーチを通して、各市場の可能性を認識します。

第3節では、マーケティングプロセスで最も核となる自社の狙うべき対象を明確に
するためのセグメンテーション、ターゲティング、及びポジショニングという競争優
位を得るためのプロセスを学びます。

まとめとなる第4節では、競争優位のポジションを獲得するための個別政策〈製品
(Products)、価格（Price)、チャネル（Place)、プロモーション（Promotion)〉
を組み合わせながら、マーケティング目標を達成する方法を確認します。

第5節では、特にモノが売れない時代の今こそ、その重要性を増している「顧客維

持（Retention）」の観点から「マーケティング」を見る上で、継続して既存の顧客を維持していく手段を模索していきます。

読者はまずマーケティングの全体像を把握した上で、自分の関心領域をマスターし、それを具体的な業務に応用するという手順で本章を利用すると効果が大きいと思われます。

第1節　経営の中のマーケティング

1-1 マーケティングの定義

「ニーズ」と「ウォンツ」は異なります。人は常に、「何かが満たされていないという状態（**ニーズ**）」の中で、「それを満たす特定の物が欲しい（**ウォンツ**）」という感情を持っています。マーケティング研究の第一人者と言われるP・コトラーはこれらを満たしうる製品（物、サービスのみでなく活動やアイデア等も含む）を価値とコスト等から判断して、ウォンツを満たす活動をマーケティングであると説明しています。

つまり、企業は「顧客のニーズを細かく、そして正しく把握する」というプロセスと、「把握したニーズをコストや価値の面で適切に満たす商品やサービス（ウォンツ）を考え、開発して提供する」というプロセスの2つに分けられます。しかし、マーケティング上におけるこれら2つのプロセスとその重要性も、時代とともに移り変わっています。

テイラーによる**生産現場の効率**を中心とした科学的な経営に見られる「生産志向コンセ

マーケティングコンセプトの変遷

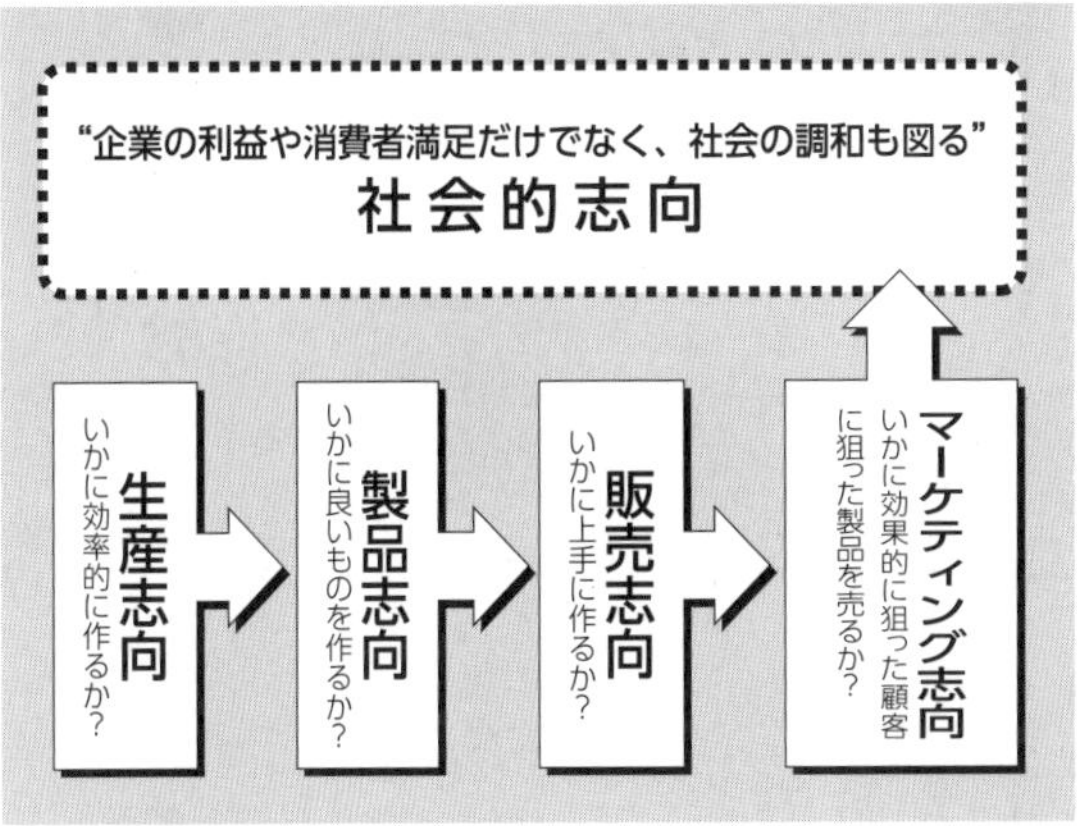
"企業の利益や消費者満足だけでなく、社会の調和も図る"
社会的志向
生産志向
いかに効率的に作るか?
製品志向
いかに良いものを作るか?
販売志向
いかに上手に作るか?
マーケティング志向
いかに効果的に狙った顧客に狙った製品を売るか?

プト」から始まり、**良いものは売れる（はずだ）**という考えの下、良い製品を作ることにエネルギーを集中する「製品志向コンセプト」、そして**作ったものをいかに売るか**を重視する「販売志向コンセプト」を経て、**ターゲット市場のニーズやウォンツを明確にし、それを満たすこと**を重視する「マーケティング志向コンセプト」へと変遷が見られてきました。今では、マーケティング志向コンセプトをベースとしながらも、CSR（企業の社会的責任）等に見られるような、**企業の利益だけでなく消費者のより良い満足や社会の利益の調和を図っていく**「社会的志向コンセプト」へと移ってきていると言われています。

1-2 企業におけるマーケティングの役割

多くの企業において、マーケティングの役割は、**人事・製造・販売・研究などの企業活動の1つ**であると考えられています。つまり、経営戦略が企業レベルの戦略であるのに対し、マーケティング戦略はその目標を達成するための一個別の**機能別戦略**と捉えられているのです。しかしながら、現代におけるマーケティングの役割の重要性は、一機能別戦略としての役割とは異なります。

前項のマーケティングコンセプトの変遷からもわかるとおり、「作れば売れる」という時代においては、マーケティングの比重は他の機能別戦略、たとえば製造やロジスティクスといったものよりも低いものでした。しかし、今日のように、ものが売れず多くの市場が成熟化している中で、競争激化の状況を放置していると、売上減少のみならず売価の下落を伴って、成長鈍化・利益構造の悪化を導き、最終的に「**撤退**」、または利益率は下が

企業におけるマーケティングの役割に対する見方の変遷

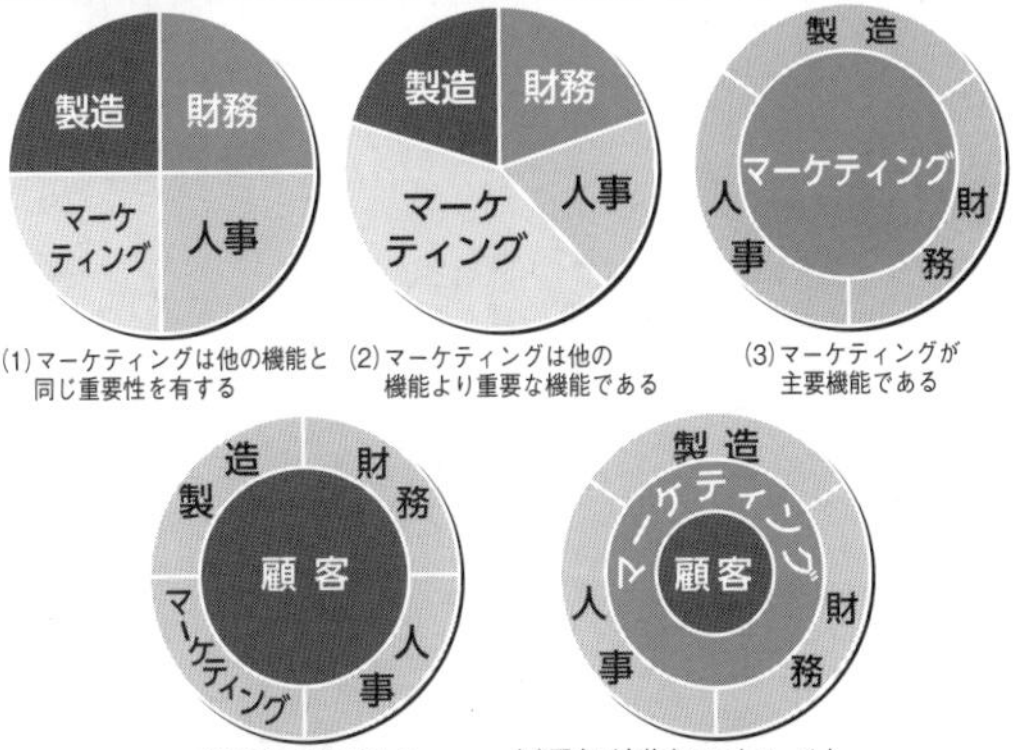

(1)マーケティングは他の機能と同じ重要性を有する

(2)マーケティングは他の機能より重要な機能である

(3)マーケティングが主要機能である

(4)顧客が機能全体をコントロールする

(5)顧客が全体をコントロールし、マーケティングは各機能を統合する

出所：P・コトラー「マーケティング・マネジメント(第7版)」プレジデント社、1996年、19頁

っても利益額を稼いでいくという薄利多売により寡占・独占へ向けた「**強化**」（シェア拡大）という典型的な成熟・衰退市場のプロセスを経ることになります。そのため、限られた市場に対するマーケティングという機能の重要性が高まるのは当然と言えます。

つまり、グローバル化と成熟市場の拡大という現在の質的変化が見られるマーケット環境においては、企業全体の全社戦略である経営戦略そのものがマーケット環境をベースに慎重かつ詳細に組み立てる必要があり、そのため**他の機能別戦略と異なり、競合の動きを加味した「マーケティング政策」が全社戦略を考える上でも重要な骨**となっているのです。

1-3 マーケティング戦略策定のプロセス

一般的なマーケティングプロセスとしては、⑴**環境分析**、⑵**標的市場の選定**、⑶**マーケティングミックスの最適化**という手順を踏みます。次章以降、この順番に従って、1つひとつのプロセスを詳しく見ていきますので、本項では概要を整理します。

⑴マーケティング環境分析

文字通り、「**どういった前提で**、企業が製品を売ろうとしているのか?」という商売の大前提となる環境を整理します。**市場が小さすぎ**ても、**成長率が停滞**していても、企業が考える将来の目標達成ができませんし、市場は十分でもその市場で勝ち残るために**必要な資金や開発力**がなければ目標を達し得ません。そのため、環境分析では、**外部環境（市場・競合）**と**内部環境（自社）**について、過去、現在までの事実、そして将来に関する動きを見える化させることで前提を固めます。

マーケティング戦略策定プロセス

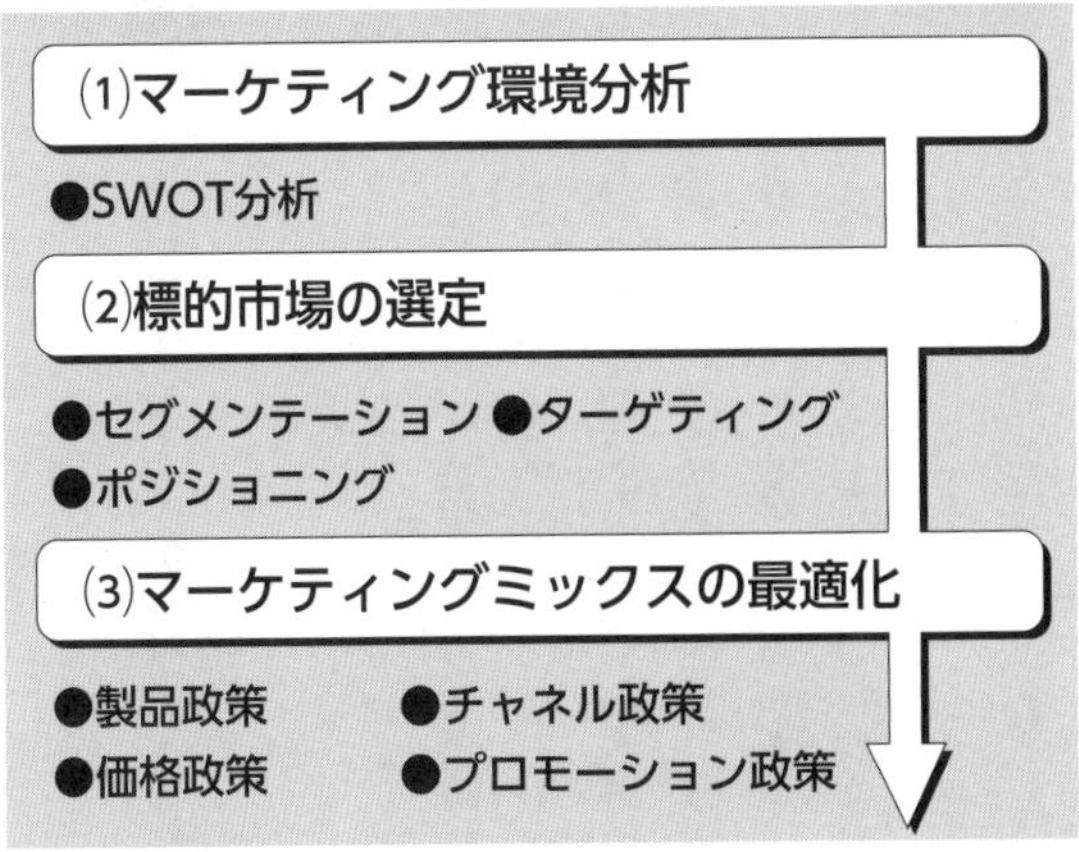

(2)標的市場の選定

この段階では、環境分析で得られた情報をもとに、**「自社のリソースで獲得可能な市場はどこか？」**という視点で市場の細分化を図り、そこから標的市場を選定します。また、選定した標的市場に対し、競合相手より魅力的であることを明確に示すために、顧客から見て**競合と対照的なポジションになるような「価値」**を見出す必要があり、ここがマーケティング戦略といえる核の部分となります。

(3)マーケティングミックスの最適化

選定された標的市場に対し、企業がマーケティング目標達成のために、様々な手段（価格、製品、プロモーション、流通など）を組み合わせていく、いわば戦術的段階です。

第2節　マーケティング環境分析の実施

2-1 マーケティング環境分析①

前述したように、マーケティング環境分析では、外部と内部の状況に関し、「**企業の現在置かれている状況と今後起こりうる環境変化について分析**」を行います。

環境分析において、代表的な手法の1つに、「**SWOT分析**」があります。「SWOT分析」は、経営戦略策定時にも企業レベルでの経営環境分析としても使用されますが、マーケティング戦略においては事業レベルで競争分析を中心として行われます。

ここで、重要なポイントが2つあります。

まず、**1つ目**はSWOTの整理に際する**事実の掘り下げ**です。よく見られるように「営業力は弱い」「製品は魅力」「技術力はある」といった表面的かつ抽象的な整理ではまったく意味がありません。強みを挙げるなら、「**どの製品**」の「**どの機能**」が「**どの競合**」に比べ、「**どの程度**」強いのか優れているのか（%?、円?）そして、**それはなぜか?**（例：

SWOT分析

	内部環境	外部環境
プラス材料	強み（S）	機会（O）
マイナス材料	弱み（W）	脅威（T）

経営環境要素

外部	マクロ	人口統計学的環境、経済環境、技術環境、政治・法律環境、社会・文化環境
外部	ミクロ	顧客、競争業者、供給業者、中間媒介業者
内部	技術力、生産能力、企業文化、市場シェア、人材、資金力	

希少資源に基づく材料の仕入先と独占契約を結んでいるから）という**優位性の源泉**までを含めて、「超」具体的に紐づけないと、「整理のための整理」で終わってしまいます。

2つ目は、SWOTの**目的**についてです。よく勘違いされるように、SWOTは単に強み、弱み、機会、脅威を出すことが目的ではありません。整理したSWOTの情報を基に、自社のシナリオとして、「**どういったことが考えられるのか？　また考える必要があるのか？**」という問いに対する答えを出し、会社が重視する戦略に基づいた意思決定をするための材料を提供します。次項で具体的に見てみましょう。

2-2 マーケティング環境分析②

前項で述べた、SWOTの目的である意思決定をするためには、1つ目に挙げた「超」具体的な裏づけを基にした事実ベースの信頼できる整理が大前提となります。

具体的には、まず経営環境を内部環境と外部環境に区分した上で、内部環境として、自社の強み（Strengths）と弱み（Weaknesses）を洗い出し、外部環境として機会（Opportunities）と脅威（Threats）を洗い出します。その上で、この洗い出された情報を基に、強みと弱みを機会と脅威に結び付けていきます。たとえば、①**強みを機会に対して活かす、**（最大の機会）、②**強みを脅威の克服に活かす、**③**弱みを機会に乗じて克服する、**④**最悪の事態を回避する**（最大の脅威）、というものです。これにより、将来に向けた具体的な戦略課題と採り得るシナリオが明らかになり、事業の進むべき方向性が明確になります。

SWOTの目的とシナリオプランニング

内部環境 ＼ 外部環境	強み（内部環境のプラス材料）	弱み（内部環境のマイナス材料）
機会（外部環境のプラス材料）	①自社の強みで成長可能な事業は何か？ 最大の機会	③自社の弱みを機会で克服できないか？　弱みを克服して機会を取り込めないか？
脅威（外部環境のマイナス材料）	②自社の強みで脅威を克服できないか？（他社には脅威でも自社の強みで機会に変えられないか？）	④自社の弱みと脅威で、最悪の事態を回避できないか？ 最大の脅威 ↓ リスクシナリオ

2-3 マーケティングリサーチ

外部環境分析及び市場細分化を行うために、必要となる情報収集の手段として、**マーケティングリサーチ**があります。一般的にマーケティングリサーチは、以下のような手順を踏んで進めていきますが、ここでのポイントは**「無駄な作業」を「効率よく」してしまわない**ということです。

「無駄な作業」とは、リサーチの目的が曖昧で掘り下げが足りない場合、その曖昧で広範囲の目的に合うような**曖昧な情報を取り続けてしまう**、ということです。重要と思われる情報を考えずに単なる「作業」として取得しようとすれば、1週間でも1年間でも取得可能なほど、情報は**どこにでも、いくらでも**存在します。重要なことは、**「何を証明するため」**だけに必要な**「どんな情報」**だけを取得するのか？　もし、その情報がなければ**「どんな情報で代替させせるのか？」**、ということを設計段階で明確にしておくことです。

マーケティングリサーチの手順

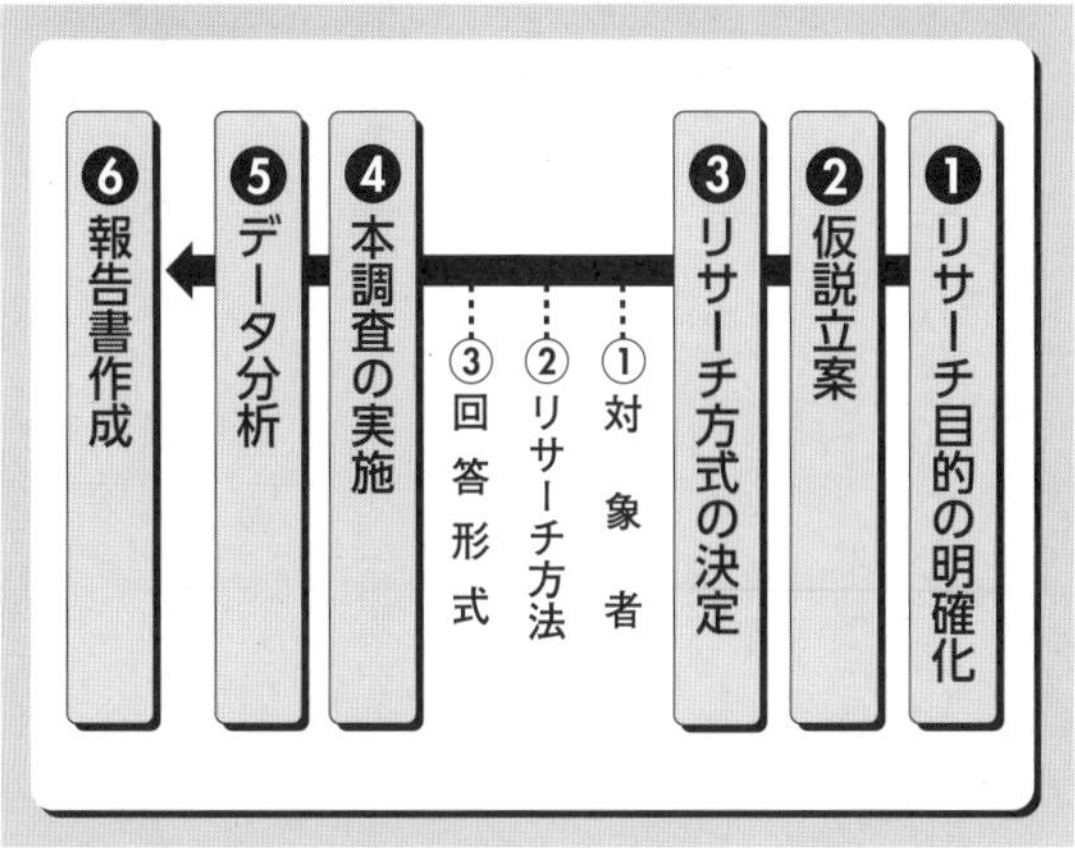

たとえば、「国際財務報告基準（ＩＦＲＳ）の学習のためのＥラーニング」事業を検討しようとしている場合、前記のまま既存の市場情報がどこかに落ちているということはめったにありません。考えられるのは、①会計教育の市場、②企業研修のＥラーニング市場、そして、いくつかでもＩＦＲＳをＥラーニングで提供している企業があれば、③上位数社の売上げの合計、といった代替情報を基に過去の趨勢と将来の予測を整理することができます。

この段階では「**参入すべきかどうか**」という判断材料が目的ですので、細かな百万、千万単位の市場規模の正確な数字など必要ではないのです。

第3節　標的市場の選定

3-1 標的市場の選定①　セグメンテーション

標的市場を選定するとき、市場を細かく分けて、その中で狙うべき細かなセグメント（領域）を選び、そして最後にそのセグメントへ向けて、「**競合と比べどのような価値の違いを出していくべきか？**」という点を決定していきます。つまり、①**セグメンテーション（市場細分化）**、②**ターゲティング**、③**ポジショニング**、という3つのマーケティング戦略策定プロセスについて見ていきます。

■セグメンテーション

セグメンテーションとは、**不特定多数の顧客をマーケティング戦略上、「同質」と考えられる小集団に切り分けること**を言います。たとえば、**地理的基準**で切り分けたり、年齢や性別など**人口統計的**な基準で分けるなど、マーケティング上「**意味のある**」基準で切り分けることを言います。「**意味がある**」とは、異なるニーズを持つ小集団に切り分けると

標的市場の選定プロセス

①セグメンテーション（市場細分化）→ ②ターゲッティング（市場の絞り込み）→ ③ポジショニング（差別化）

セグメンテーション基準

地理的基準	エリア、人口密度、気候
人口統計学的基準	年齢、性別、家族構成、職業
心理学的基準	社会階層、ライフスタイル、性格
行動基準	購買状況、使用頻度、使用者状態、ロイヤルティ

いうことです。

なぜこのようなことをするのでしょうか？　もし切り分けをせずに「異なるニーズを持つ人々（大きな市場）に対して同じウォンツしか満たせない製品を提供」するということは、**最大公約数のニーズしか満たせない製品**で勝負するということを意味しますし、逆に小集団に分けずに1人ひとり「異なるニーズを持つすべての人々（one to one）に対して、異なるウォンツを満たす製品をすべて作る」ということは**採算を度外視した事業運営**を行うことになるからです。

次項で具体的に見ていきましょう。

3-2 標的市場の選定②　セグメンテーションの手順と一般的基準

自社が狙うだけの大きさと成長見通しを持つ市場において、そのセグメントを獲得できるだけの自社のリソースや能力を持つセグメントを絞り込んでいく「セグメンテーション」の手順と一般的基準は次の通りです。

まず、市場がどのようなセグメントで構成されているかの仮説を作り、セグメントの軸に沿って、**必要な情報を確保**（①**調査段階**）します。その上で、因子分析やクラスター分析を行って、**各クラスター**（**cluster＝「房」。同質の小集団に分ける**）**を抽出**（②**分析段階**）した上で、**各クラスターを特徴づける要因**を描き、**仮説セグメントの有効性を検証する**（③**プロフィールを描く段階**）という3つの段階を経ますが、図表のとおりセグメンテーションの変数を適宜組み合わせて使われることもあります。

消費者市場細分化変数の例

地理的変数	
地域	太平洋沿岸、山岳部、北西中部、南西中部、北東中部、南東中部、南部大西洋沿岸、中部大西洋沿岸、ニューイングランド
都市または都市部	4999 以下、5000 ～ 1 万 9999、2 万～ 4 万 9999、5 万～ 9 万 9999、10 万～ 24 万 9999、25 万～ 49 万 9999、50 万～ 99 万 9999、100 万～ 399 万 9999、400 万以上
人口密度	都市圏、郊外、地方
気候	北部、南部
デモグラフィック変数	
年齢	6 歳未満、6 歳～ 11 歳、12 歳～ 19 歳、20 歳～ 34 歳、35 歳～ 49 歳、50 歳～ 64 歳、65 歳以上
世帯規模	1 ～ 2 人、3 人～ 4 人、5 人以上
家族のライフ	若い独身者、若い既婚者で子供なし、若い既婚者で末子が 6 歳未満、若い既婚者で末子が 6 歳以上、年配の既婚者で子供あり、年配の既婚者で 18 歳未満の子供なし、年配の独身者、その他
性別	男性、女性
所得	9999 ドル以下、1 万ドル～ 1 万 4999 ドル、1 万 5000 ドル～ 1 万 9999 ドル、2 万ドル～ 2 万 9999 ドル、3 万ドル～、4 万 4999 ドル、5 万ドル～ 9 万 9999 ドル、10 万ドル以上
職業	専門職および技術者、マネジャー、役員、経営者、事務員および販売員、職人、職工長、熟練工、農場主、退職者、学生、主婦、無職
教育水準	中卒以下、高校中退、高卒、大学中退、大卒
宗教	カトリック、プロテスタント、ユダヤ教、イスラム教、ヒンズー教、その他
人種	白人、黒人、アジア系、ヒスパニック系
世代	ベビーブーム世代、ジェネレーション X
国籍	北アメリカ、南アメリカ、イギリス、フランス、ドイツ、イタリア、日本
社会階層	最下層、下層の上、労働者階層、中流階層、中流の上、上流の下、最上流
サイコグラフィック変数	
ライフスタイル	保守的な常識家、先端を行く指導者タイプ、芸術家タイプ
パーソナリティ	衝動的、社交的、権威主義的、野心家
行動上の変数	
使用機会	日常的機会、特別な機会
ベネフィット	品質、サービス、経済性、迅速性
ユーザーの状態	非ユーザー、元ユーザー、潜在的ユーザー、初回ユーザー、レギュラーユーザー
使用割合	ライトユーザー、ミドルユーザー、ヘビーユーザー
ロイヤリティ	なし、中程度、強い、絶対的
購買準備段階	認知せず、認知あり、情報あり、関心あり、購入希望あり、購入意図あり
製品に対する態度	熱狂的、肯定的、無関心、否定的、敵対的

出所:『コトラーのマーケティング・マネジメント　ミレニアム版』(ピアソン・エデュケーション刊)

3-3 標的市場の選定③ ターゲティング(1)

市場を「意味のある」同質の集団に切り分けるセグメンテーションが行われると、続いて**ターゲティング**へと移ります。**ターゲティング**とは、切り分けられた市場セグメントに対し、魅力度を評価し、自社が狙うべき**1つないし複数のセグメント**を選定することです。では、どのようにセグメントを評価し、選定するかについて見ていきましょう。

(1)セグメントの評価

セグメントの評価は、大きく3つの基準で行います

①「**規模と成長性**」が十分か？

②「**構造的に収益性が高い**」セグメントか？（業界の構造的魅力度）

③「**自社の戦略や保有するリソース等**」と合致しているか？（長期目標や資源・スキルの整合性）

セグメントの評価

1 規模と成長性

そのセグメントの潜在規模は十分か?
成長力はあるか?

2 構造的な収益性

そのセグメントは構造的に収益性をもたらす事業環境か?
(談合の強さ、新規参入のしやすさなど)

3 自社戦略・リソースとの整合性

そのセグメントが自社の長期目標や資源スキルなどとの整合性があるか?

せっかく、自社が得意なセグメントを見つけても、狙う市場規模が小さすぎれば開発投資を回収するだけの売上を獲得できませんし、規模が十分でも数年後に半分になるようなセグメントでは、継続的なリターンを獲得できません。

(2) セグメントの選択

セグメントの選定基準や細分化の程度は、大前提となる以下の3つのマーケティングのコンセプトに関わります。

①「集中的マーケティング」
②「無差別マーケティング」
③「差別化マーケティング」

次項でそれぞれを見ていきましょう。

3-4 標的市場の選定④　ターゲティング(2)

前項で説明した3つのマーケティングコンセプトは次の通りです。

①「**集中的マーケティング**」……最も一般的で、1つもしくはごく少数のセグメントにターゲットを絞り、その市場に対し、最適な製品及びマーケティングミックスを提供

②「**無差別マーケティング**」……単一の製品とマーケティングミックスで市場全体を1つの統一体として扱い、単一の製品とマーケティングミックスだけを用意して全市場に訴求

③「**差別化マーケティング**」……複数のセグメントに対し、それぞれに適した製品とマーケティング計画を用意して進出

一般的となっている集中的マーケティングにおいては、企業は各セグメントを評価した後、参入する価値のあるセグメントを図表の5つのパターンに沿って選択することができます。

集中的マーケティングにおけるセグメント選択5つのパターン

1. 単一セグメント集中化……集中化することによりそのセグメントで強固な市場地位を得る。
2. 選択的特定化……シナジー効果は期待できないが、リスク分散というメリットはある。
3. 製品特定化……特定製品分野で名声を得る戦略。
4. 市場特定化……その市場においてあらゆる要求に応えようとする戦略。特定の顧客に強い名声を得、強固なパイプをつくることができる。
5. 全市場カバー……大企業のみが可能なパターン。この場合、無差別マーケティングと差別化マーケティングの2つの方法をとることができる。

その他、セグメントの評価と選択に際して考慮すべき事項として、**「スーパーセグメント」**と**「セグメントの侵入計画」**があります。

「スーパーセグメント」とは、セグメントが多いとき、効率的にマーケティング活動を遂行できるよう、それらを再編成し原材料、製造設備、流通チャネル等でシナジー効果が生まれるように再構成したものを言います。

また、自社の将来計画は、非常に重要な戦略の核であり、圧倒的な資金力等をバックに大幅な参入計画を事前告知することで無駄な競合の参入を回避するシグナルを送るなどの例外を除き、**セグメントへの侵入計画は競争他社には絶対にわからないようにするべきです。**

3-5 標的市場の選定⑤　ポジショニング(1)

選定したセグメントに対し、競合相手より魅力的であることを示すには、**他社の特徴と対照的な差別的優位性を描き出し、そのポイントを宣伝（プロモート）**する必要があります。これが**ポジショニング**です。

ポジショニングを明示化するためには、対照的な差別化ポイントとなりえる特徴を２つの代表的な軸で図示した「ポジショニングマップ」等を活用します。

ここで重要なことは、「消費者または法人顧客にとって魅力的な**意味のある**差別化ポイントを選び出す」ということです。つまり、ポジショニングの前の時点でマーケティングリサーチ等を通して潜在顧客にとっての重要な特徴を十分に把握しておく必要があります。

たとえば、数％程度の価格の値引きにはそれほど反応しない（価格弾力性の低い）ラグジェリー商品や希少性の高い製品に対し、価格の安さをプロモートすることはいたずらに

ポジショニングマップ

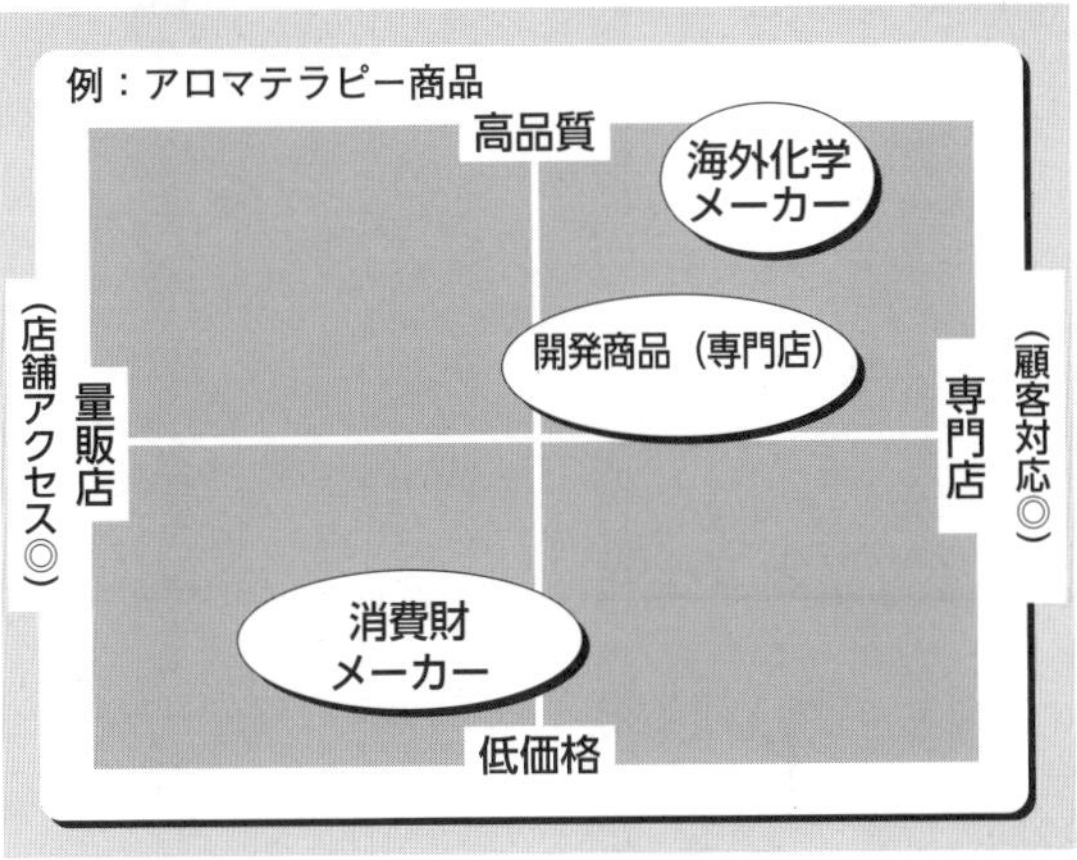

製品の利益率を下げるだけでなく、最も重要なブランドや信頼性といった無形資産を毀損させることになりかねません。

　したがって、差別化ポイントの検討は、幅広いポイントの検討対象に基づきながらも、自社製品にとって意味のあるポイントに絞り込んだ上で決定する必要があります。

　差別化ポイントの範囲は幅広く、常に体系的に捉え、個別製品ごとにゼロベースで検討していくことが重要です。

　では、具体的にどのような視点で差別化を図るべきでしょうか？　次項で詳しく見ていきましょう。

3-6 標的市場の選定⑥ ポジショニング(2)

コトラーらによると、主な差別化のポイントは大きく、製品、サービス、社員、そしてイメージという4つの視点で、以下のような16の個別差別化ポイントを検討することができる、と説明しています。

①**製品の差別化**……機能特性、成果、品質、性能ばらつき具合、耐久性、信頼性など
②**サービスの差別化**……**デリバリー**、**設置**、**訓練**など
③**社員の差別化**……能力、丁寧さ、信頼度、反応の素早さなど
④**イメージの差別化**……シンボル、活字メディア、イベントなど

実際のポジショニング検討の際には、2つの軸を選んで二次元のマップを描き、自社が最も強い競合と捉えている会社の製品のポジションと自社のポジションが**対称になるよう**な軸を選びます。大抵、**自社を右上**、**競合製品を左下**に位置づけた上で戦略を検討します。

差別化のポイント

1．製品の差別化

・機能特性（製品の基本機能に付け加えられる諸機能）
・成果（製品の本体的機能が働く程度）
・品質や性能のばらつき具合
・耐久性
・信頼性
・修理のしやすさ
・スタイル（見た目のデザイン）
・デザイン（製品の差別化要因全体との整合性がとれた設計全体）

2．サービスの差別化

・デリバリー（速やか、かつ柔軟な配達・設置）
・設置
・顧客訓練
・コンサルティングサービス
・修理

3．社員の差別化

・能力（知識とスキル）
・丁寧さ
・信頼感や安心感
・反応の素早さ
・コミュニケーション力

4．イメージの差別化

・シンボル
・活字メディアやマルチメディア
・建物や建物空間
・イベント

4-1 マーケティングミックスとは①

自社のねらうべきポジションが明らかになったら、**次はそのポジションを確立するために**、企業がコントロールできる**製品（Product）**や**価格（Price）**、**チャネル（Place）**、**プロモーション（Promotion）**といった一連のマーケティング手段（頭文字をとって4Pと呼びます）を整合性の取れる形で決定していきます。

このプロセスをマーケティングの手段を整合性がとれるように総合する、という意味で「マーケティングミックスの最適化」と言います。詳細は後述しますが、ここでは概略のみ見ていきましょう。

(1) 製品政策

「**製品政策**」では、決定した標的市場に対し、企業が取り扱うべき製品群をどのようなものにするか、取扱い製品の幅・深さなどをどうするか、といった**品揃え**のほか、消費者ま

マーケティングミックスの構築

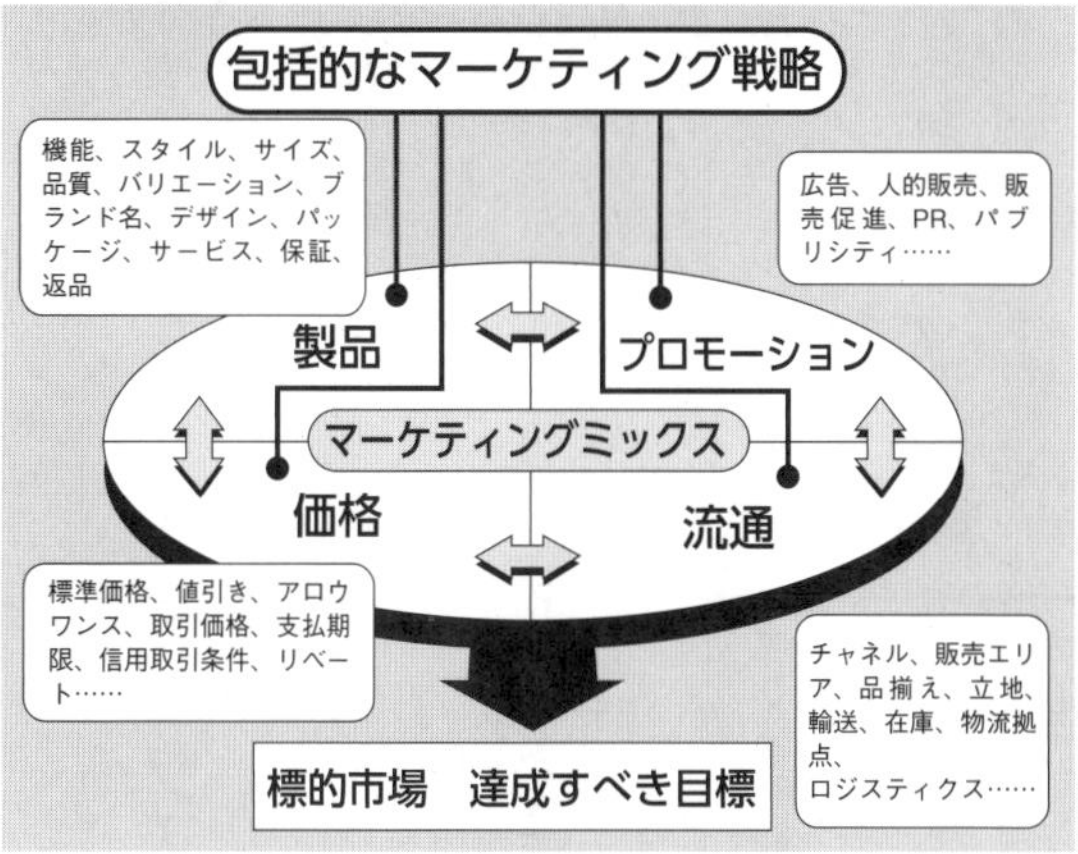

たは法人顧客が求めるなどのレベルのニーズやウォンツを満たすような価値を提供すべきか、といった**製品全般のコンセプト**などについて設定します（50ページ参照）。

(2) 価格政策

「**価格政策**」では、文字通り製品の価格設定を扱います。ここでは、**製品の価値を顧客へ**「**表示する**（どのように打ち出すか等）」という側面と、その**価格の決定によって自社の**「**利益を直接創出する**（利益〈＝「単価×販売数量」－コスト〉を最大化させる価格とは？）」という2つの側面があります。そのような重要な役割をする価格の設定を行います（58ページ参照）。

4-2 マーケティングミックスとは②

(3) チャネル政策

「チャネル政策」については、チャネルという言葉のイメージがわきづらいと思いますが、製品を最終消費者へ到達させるのに**どのような「流通経路（流通業者）」**を利用すれば、最も効率的であるかを設定します（64ページ参照）。

(4) プロモーション政策

「プロモーション政策」は、文字通り製品のプロモーションを扱いますが、ここで言うプロモーションとは「営業組織によるもの（セールスフォース）」、「広告」、「狭義のプロモーション（いわゆる販促）」、そして「記事や取材につながる広報（パブリシティ）」といったものを通して消費者に製品をＰＲする最適な手段について設定します（68ページ参照）。

このように、自社のマーケティング戦略に基づく具体的な計画の策定には、４Ｐそれぞ

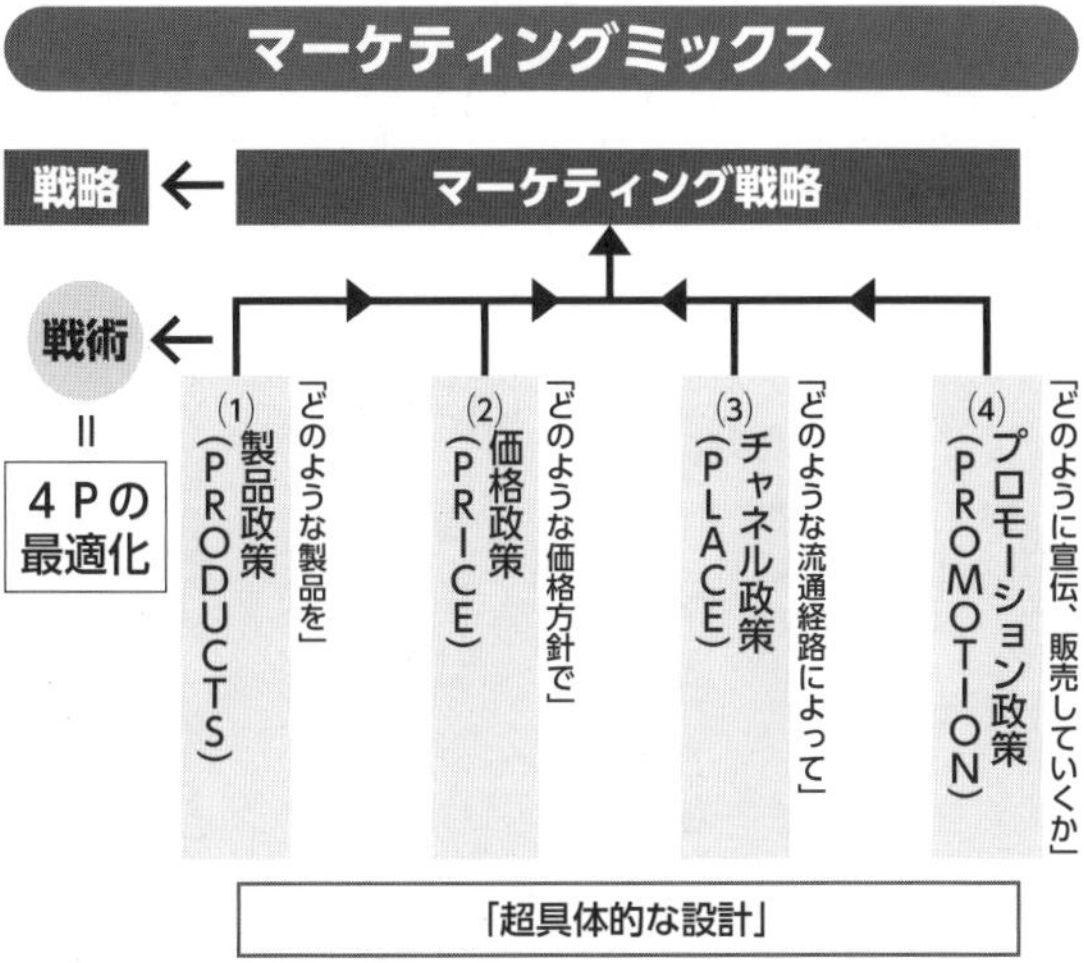

れを組み合わせていく必要があります。

「マーケティングミックス」＝４Ｐと考えている人もいますが、４つのＰを前ページまでで策定したマーケティング戦略に基づいて「**整合性がとれるように組み合わせる**」ことこそが本プロセスの最大の目的です。低価格戦略をとりながら莫大な広告コストをかけたり、教育されたスタッフのいる専売チャネルで流通・販売するといった矛盾した個別政策を放置しないことが重要です。

つまり、４つのそれぞれの個別政策以上に、「ターゲティング、ポジショニングによって固まったマーケティング戦略に沿った個別政策の組み合わせになっているのか？」といった確認こそが重要なのです。

4-3 (1)製品政策① 製品分類とプロダクトミックス

製品政策を考える際には、まず製品にはどのようなものがあるかを定義します。そして次に、**どのような組み合わせ**が設定した標的市場に対し適正であるかを検討します。

(1)製品分類

製品は、用途別分類により、**生産財（生産によって利益をあげるために企業で消費・使用するもの）**と、**消費財（生活等のために最終消費者が消費するもの）**に分けられます。

さらに、消費財は、消費者の購買慣習により、**以下の3つ**に分けられます。

①**最寄品**……購買頻度が高い品物で、低価格で習慣的に身近な店で購入する生活必需品

②**買回品**……購買頻度は低く、計画的で購入場所も比較検討で決めるような製品

③**専門品**……購買頻度はきわめて低い高価格品で、計画的に購入される製品

(2)プロダクトミックス

製品の購買慣習による分類

分類	特徴	例
最寄品	習慣的購買	食料品、日用品など
買回品	比較購買	服、本、CD、カバンなど
専門品	ブランド指名買い	自動車、家具、電化製品など

このような製品分類ごとの特徴に応じ、価格弾力性の高い（価格の変化で販売数量が大きく変わる）「最寄品」や価格弾力性の低い「専門品」などに応じた価格政策を採ることなどを始めとして、売り手側の提供する**製品ライン**（製品の種類、メーカーで分類したグループ）や**アイテム**（色、サイズ、価格ごとに分類したグループ）について、最適の組み合わせを設計します（プロダクトミックス）。

この**組み合わせ**の視点としては、①幅（プロダクトラインの数）、②**長さ**（プロダクトミックスに含まれる全アイテム数）、③**深さ**（プロダクトごとの種類数）、④**一貫性**（各プロダクトラインごとの関連性）の**4つの次元**で検討します。

4-4 (1)製品政策② プロダクトライフサイクル

市場に導入された新製品の売上高は、通常**4つの期間**を経てS字のように変化します。製品は導入から衰退までの一連の推移があり、この推移の様子を**プロダクトライフサイクル**といい、それぞれの段階ごとのマーケティングミックスを明らかにできます。以下に、プロダクトライフサイクルにおける、4つの期間を示します。

①**導入期**⇓需要が小さく、売上高はゆっくりと増加します。新製品の認知度を高め、市場の開発をめざすため、**マーケティング費用がかかり**、**利益は生み出しにくい期間**です。

②**成長期**⇓需要が大きくなり、売上高も急速に増大します。製品が認知され、市場も拡大しますが、それだけ**競争も激化**します。新製品の投資分も回収段階に入ります。

③**成熟期**⇓消費者の大半が購入済みとなり、市場は飽和状態となります。売上高が**停滞から低下へ**と変化します。製品の「**機能**」より、「**プロモーションや包装**」などで**差別化**を

プロダクトライフサイクル

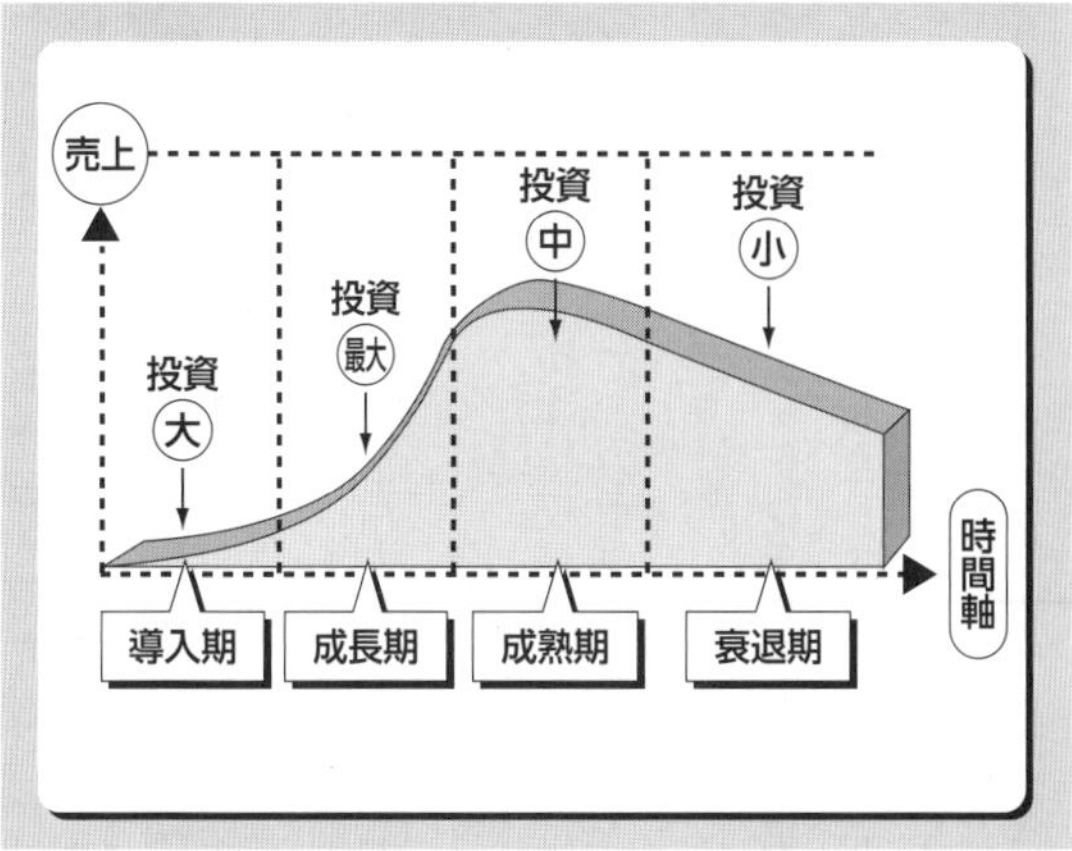

図ります。

④**衰退期**⇒売上高と利益高が急速に減少する時期です。「**撤退**」を行うか、新規マーケティング戦略を練るか（強化）、などの新たな方策が必要となる時期です。

企業は、このような期間があることを考慮し、製品それぞれの期間にあったマーケティングミックスを実施する必要があります。

一方、プロダクトライフサイクルは、**すべての製品に当てはまるわけではなく**、製品力がなければ導入後すぐに衰退するなど、普及も衰退の流れも急激な流行商品も存在します。最近では、技術革新のスピードや消費者ニーズの移り変わりの速さから、**サイクルの周期が短く**なっています。

4-5 (1)製品政策③　ブランド政策　その1

私たちが日々意識せず活用する「**ブランド**」という言葉は、使う人により定義の範囲が異なります。しかし、マーケティングで言うブランドは、現在は単にあるものを他のものと区別するためのもののみならず、製品やサービスを**より早く、そして確実に認知させるためのシンボル**としてその重要性を増しています。

つまり、ブランド政策とは、消費者に対し、ブランドが持つ名称や言葉など「記号」を認知させ、①**商品にアイデンティティを持たせたり**、②**商品の特徴を法的に保護**したり、③**商品の品質を明確にしたり**する、役割を果たします。

もう少し具体的に言いますと、ブランドは企業から見れば、①愛用客がつくれる、②付加価値が得られる、③流通交渉力を持つ、④販売努力が最小ですむ、という効用を持ちます。

ブランドのメリット

企業から見たメリット	消費者から見たメリット
❶ 愛用客がつくれる	❶ 選択の手間が省ける
❷ 付加価値が得られる	❷ 選択の時間が省ける
❸ 流通交渉力を持つ	❸ 安心感が得られる
❹ 販売努力が最小ですむ	

また、消費者からみれば、①選択の手間が省ける、②選択の時間が省ける、③安心感が得られるなどの効用を持つものです。

注意点としては、ブランド構築には時間がかかりますが、ブランド崩壊は一瞬で訪れます。信用で築かれたブランドであればあるほど、一貫性と持続性のあるサービスの提供が必須となります。

そして、その一貫性を持続的に担保するためには、ブランド構築プロセスを計画的に設計し、運用していく必要があります。

次に、具体的なブランド構築プロセスを考えてみましょう。

4-6 (1)製品政策④ ブランド政策 その2

ブランドは個別製品やサービスだけでなく、企業単体やグループ全体、あるいは事業ごとにつけられることがあります。

このブランドを構築するためのプロセスは、以下のとおりです。

①ブランド設定の決定

まず、ブランド設定をするか、ノーブランド（商標をつけず一般的名称を記した商品。ジェネリックブランド、無印品とも呼ばれる）で行くかを決めます。ノーブランドの場合、**低価格化を図れる**反面、価値の低いものとして見られる場合や仕入れ業者が限られたり、といった**マイナス面の影響**も考えられます。

②ブランド所有者の決定

次に、製造業者がブランドを設定するか（いわゆるナショナルブランド）、流通業者が

ブランド構築プロセス

1. ブランド設定の決定
↓
2. ブランド所有者の決定
↓
3. 統一ブランドの決定
↓
4. 複数ブランドの決定

ブランドを設定するか、あるいは一製品について、両者のブランド設定を行ったものとするか、を決めます。

③統一ブランドについての決定

その後、会社すべてに共通するブランド（統一ブランド）とするか、個々の製品に別々のブランド（個別ブランド）とするか、を決めます。統一ブランドにすることで**ブランド自体の認知度を獲得するコストは下げられますが、個々の製品のブランディングへの効果が薄まる**といった**トレードオフ**が考えられます。

④複数ブランドについての決定

最期に同一製品ラインに複数ブランドを設定するか、単一ブランドとするかを決めます。

4-7 ⑵価格政策① 価格設定方法

価格には、**価値を顧客へ表示する**という側面と**利益を直接創出する**という**2つの側面**があり、その目的は「長期的な企業利益の最大化」です。そのような重要な役割をする価格について、ここでは、特にその設定方法について説明します。

⑴価格設定法

価格設定には、大きく①コスト面、②需要面、そして③競争面から捉えた3つの方法があります。

まず、コスト志向の価格設定法は、製品ニーズや競合製品の価格ではなく、自社におけるコストを中心に策定する方法です。流通業者が仕入原価に値入額を上乗せし、売価設定するマークアップ価格設定や、製造業者が総費用にマージンを上乗せして売価決定するコストプラス価格設定、想定される事業規模をもとに、一定の利益が確保できるように価格

価格戦略

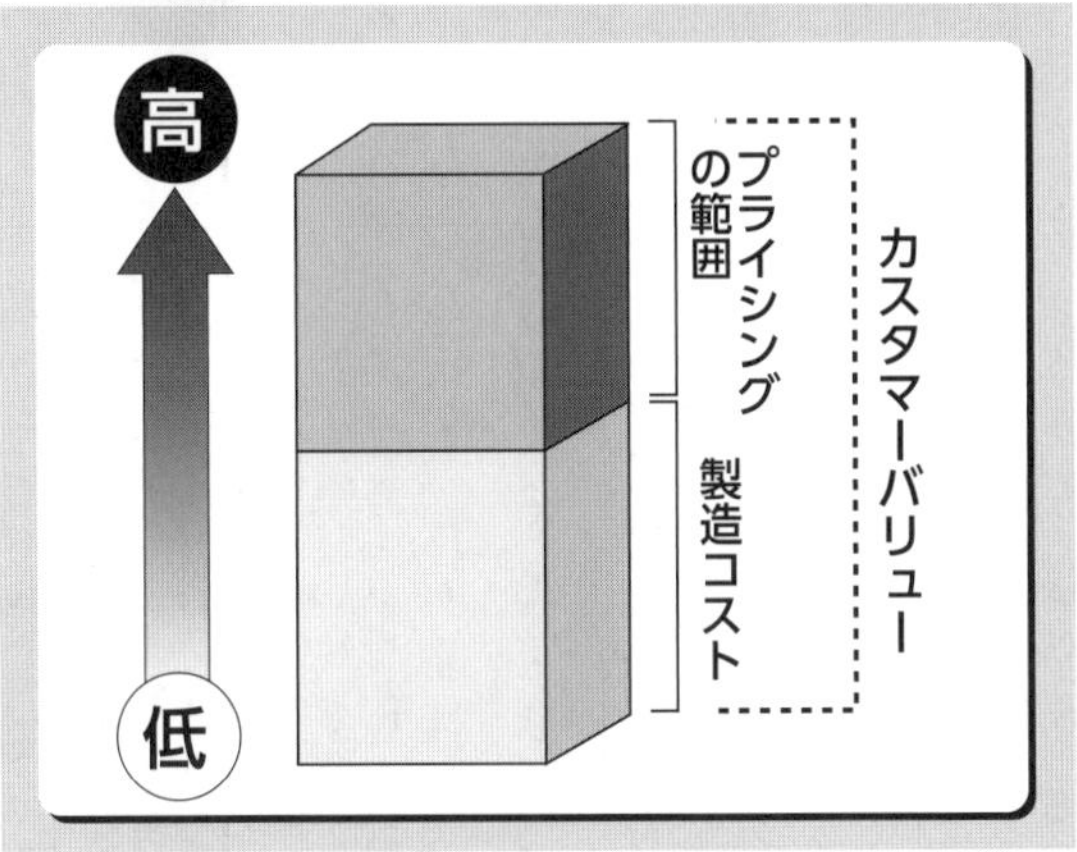

設定を行う目標価格設定などがあります。

次に、需要志向の価格設定法には、消費者の価格への認識を意識して価格設定を行う心理的価格設定や、顧客層や時季などの市場セグメントごとに価格を変化させ、セグメントに合った価格設定をする需要価格設定などがあります。

最後に、競争志向の価格設定法には、競合相手の価格と比較して製品の価格を設定する実勢型価格設定や、注文や請負契約のように入札で受注を決め、価格も設定する入札価格設定などがあります。

次項では、これら価格設定の落とし穴について考えてみましょう。

4-8

⑵価格政策② 価格政策の落とし穴と新たな概念 その1

これらの複数を参考にして、最終的に価格が決まることになりますが、それぞれの方法においても落とし穴があります。

コスト志向の目標価格設定や**競争志向の実勢型価格設定**をベースに、「売上げが目標に届かない」という理由で安易に「価格を下げてその分2倍の量を売ろう」といった類の表面的、かつ反射的、博打的な施策はほとんどの場合失敗するだけでなく、以前よりも利益構造を大幅に悪化させます。20％の価格引下げは貢献利益を50％減らすこともあり得るほど、価格の設定は重要なのです。

その他、最近では次のような重要ポイントが指摘されています。

まず、「価値がコストを決定するのであって、その逆ではない」という「**顧客価値を起点した価格設定**」というものが主流になりつつある、ということです。

顧客価値を起点とした価格設定

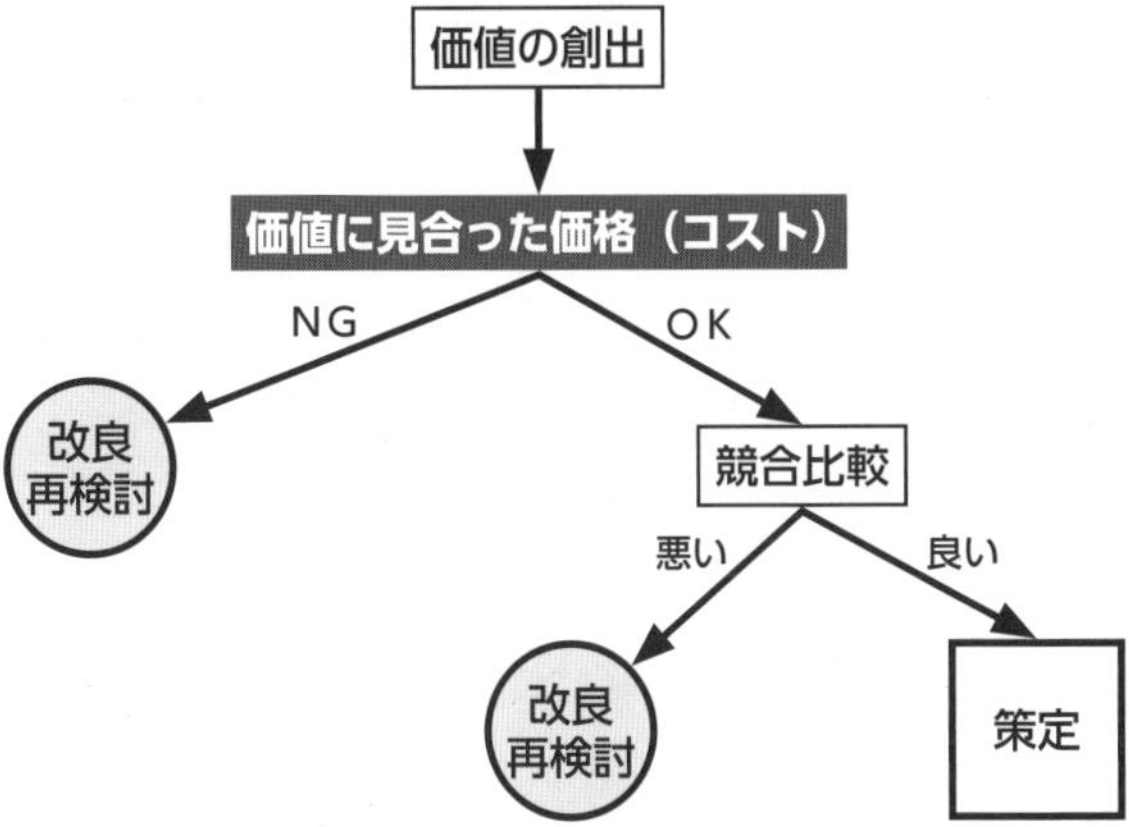

それは、決してコストプラス式のプライシングではなく、**顧客の製品に対する認識された「価値」**（顧客視点における本質的な価値）をベースに組み立てるべきで、万が一その価値とコストが合わないのであれば、その製品は「出すべきでない」（**コストプラスで価格を上げるべきではない**）というものです。

大きくは、前項の需要志向の価格設定に近い概念と言えますが、表面的やテクニカルな心理的、需要価格設定ではなく、本質的な顧客価値にしている点が異なります。

次項では、引き続き残りの落とし穴について考えてみましょう。

4-9 ⑵価格政策③ 価格政策の落とし穴と新たな概念 その2

次に、具体的には「**利益を最大化する最適価格**」を設定する時は、①**価格反応**　②**コスト構造**を見るべき、と言われています。

まず、価格反応については、たとえば10％の値引きや値下げで購買量が大幅に増える価格弾力性の高い日用品と、相対的に購買量が変わらない価格弾力性の低いラグジュアリー品などが存在しているなど、顧客の価格に対する反応は製品によって常に一定ではありません。また、コストに関しては、価格に対する変動費率が高いほど価格変更の利益インパクトが大きいと同時に、価格のターゲットは投入後の時期によって変わると言われています。つまり、中長期的な価格の底値は「1個あたりの総コスト」で決まり、短期的な価格の底値は「1個当たりの変動費」「限界コスト（機会費用）」で決まるということです。

そのほか、**製品ライン全体の利益の最大化のためには、いくつかの製品の利益を犠牲に**

利益を最大化する最適価格

1 価格反応

(例)洗剤などの日用品と、ブランドバッグなどのラグジュアリー商品では価格弾力性は異なる

2 コスト構造

中長期的な価格の底値は「1個当たりの総コスト」で決まり、短期的な価格の底値は、「1個当たりの変動費」「限界コスト(機会費用)で決まる

する必要があることも認識されています。たとえば、製品Aが製品Bの売上拡大につながる「**補完財**」の関係と、ニーズの違いなどで製品Aと製品Bの売上はトレードオフの「**代替材**」の関係があり、それらが混在する多くの製品ライン上のすべての製品で大きな利益を獲得することはできないと言われています。

最後に、顧客の支払い最大許容額が大きい場合では**バンドリング(セット販売)**は裏目になります。顧客側の予算に幅がある場合において、個別プライシングで得られない潜在的な販売機会を別商品で同時に獲得し、20%〜30%の利益改善が可能だが、予算の最大許容額が小さい中でバンドリングを提示すると**獲得利益を減らすことになる**というものです。

4-10 (3)チャネル政策① チャネルミックス

製品が製造業者から最終消費者まで流れる**流通経路**を**チャネル**と言います。

チャネルは、**長さ**（マーケティング経路の段階数）、**幅**（流通業者の利用数）**と結合**（川上企業と川下企業の結合方法：垂直的マーケティングシステム）に分類され、これらの分類されたチャネルを企業内で製品の品質に合わせて、政策を組み替え合わせることをチャネルミックスと言います。

長さは、①**無段階型経路**（製造業者と消費者が直接取引を行う経路）、②**一段階型経路**（製造業者と消費者の間に小売業者が入る経路）、③**多段階型経路**（製造業者と消費者との間に小売業者と卸売業者が入る経路）、に分類されます。

幅は、①**開放的チャネル政策**（中間業者数の限定をせず、取引を希望するすべての販売業者に流通させる経路をとる政策）、②**選択的チャネル政策**（資格条件に合致した販売先

垂直マーケティングシステムと伝統的チャネルの比較

花王のチャネル（出所：花王石鹸「花王石鹸80年史」、1971年

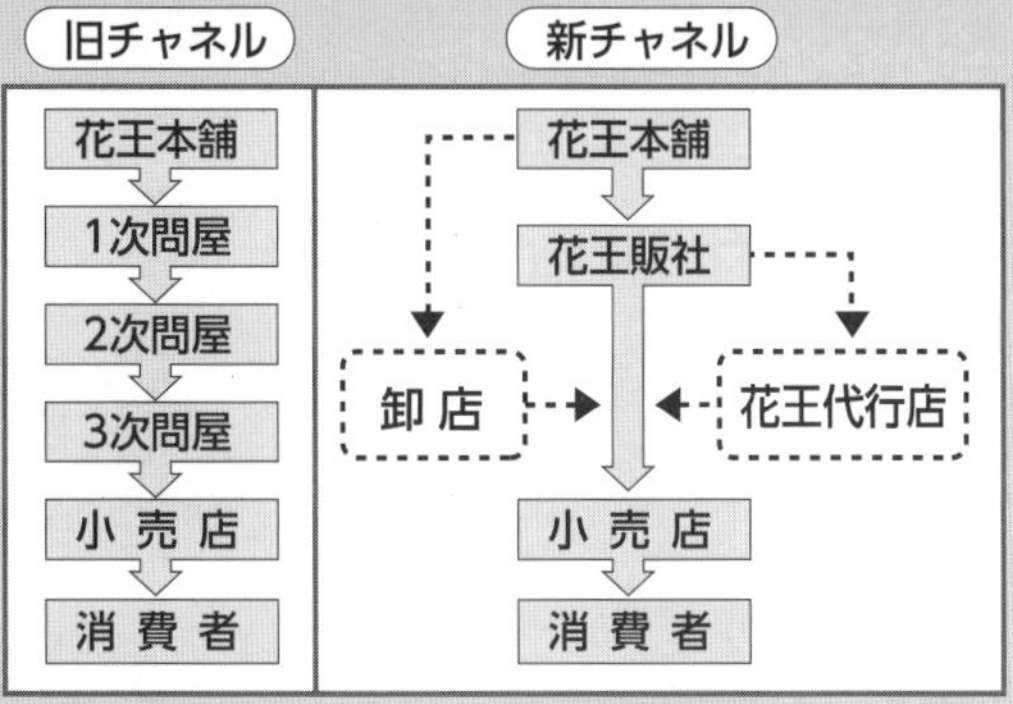

花王代行店：花王販社の株主卸店。卸店は販社組織のない従来の卸。

にのみ製品を流し、数を最適にする政策）、③**専売的チャネル政策**（中間業者の数を特定の地域において一業者に絞り込み、その業者にのみ流通する経路政策）に分類されます。

開放的チャネルは、必然的に卸売を通した食品や日用雑貨などの最寄品の流通に用いられますが、業者を限定しないため、コントロール力が最も弱くなります。逆に、専売的チャネル政策は、ブランドイメージの維持や消費者への高品質サービスの維持が必要となる自動車や高級ファッション・ブランドなどで用いられ、限られた業者のみが売る資格を与えられているという意味で、コントロール力は最も強くなります。

4-11

(3)チャネル政策② チャネルマネジメント

チャネル政策においては、どのチャネルミックスを行うか、ということと同時に、チャネル内の管理状況が大切な要素になります。そんな管理において、チャネルリーダーの役割・力関係が、チャネル全体の団結力に影響します。

①チャネルパワー

チャネルパワーとは、そんなチャネルリーダーのチャネル内における統率力のことを言い、構成員に報酬をもたらしたり、制裁を加える能力、指図・統制する当然の権利、構成員の一員として有する魅力、そして専門的知識力、情報力による統率力が含まれます。

②チャネルコンフリクト

チャネルコンフリクトとは、チャネルメンバー間のトラブルなどによる衝突を言い、主に**垂直的対立**、**水平的対立**、**複数チャネル間対立**の3つが挙げられます。

チャネルの対立と競争

対立のタイプ	対立が起こる段階	事　例
垂直的対立	チャネル内の異なった段階のメンバー間で起こる対立。サービスや価格等。	●ゼネラルモーターズとディーラー ●コカコーラとボトラー
水平的対立	チャネル内での同一段階のメンバー間で起こる対立。サービスや品質。	●フォードのディーラー同士 ●ピザ・インのフランチャイズ加盟店同士
複数チャネル間対立	相互に競合する複数のチャネル間で起こる対立。既存のチャネルと新規のチャネルの関係。	●リーバイスと専門チャネル（量販店への拡大時、専門店が反対）

一般に、一定の範囲内のチャネルが**多すぎると**、チャネル同士が自社製品の値引き競争を始めるなど、チャネル間の対立が激化し、かつ単価も下がってしまうことがあります。

B2B（対法人顧客）の一部の飲料メーカーなどは地域ごとに独占販売権を与えてチャネル同士の対立を最小化していますが、一部のコンビニや外資系自動車ディーラーなどB2C（対個人）向けに販売を行う業態では、小さい範囲で多くのチャネルを擁立することで、販売力が増す反面、対立が激しくなります。

このコンフリクトの原因は、目標の相違・役割認識の相違・現実理解の相違などが挙げられますが、チャネルコンフリクトの解決も、チャネルリーダーの役割の1つです。

4-12 ⑷プロモーション政策

どれだけ良いニーズで標的顧客に合致した商品でも、顧客にその情報を伝達しなければ、商品は売れません。そこで、商品の存在や効用、利点等を様々な**異なる媒体を組合せて**市場に伝達する役割をプロモーション政策は担っています。

【プロモーションミックス】

プロモーションミックスとは、**広告・パブリシティ・セールスフォース・販売促進**（狭義のプロモーション）といった異なる特徴を持つプロモーション手段を最適に組み合わせることです（図参照）。

【AIDMA理論】

プロモーション手段の組み合わせ方法は、消費者がある商品を知って購入に至るまでの購買心理プロセスに沿って決めていくことになります。1920年代にサミュエル・ロー

プロモーション手段とＡＩDMA

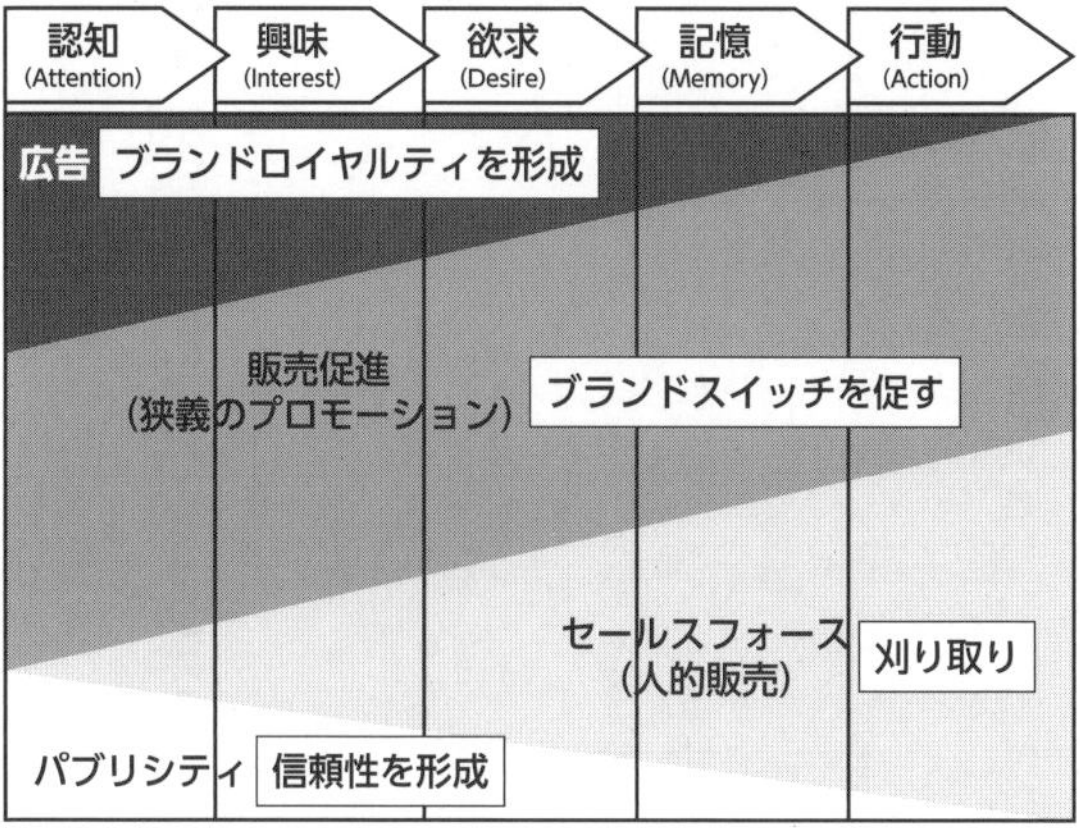

ランド・ホール（米国）により示された消費者の購買心理プロセスを表す代表的な理論にＡＩＤＭＡ：Ａ（Attention：注意）→Ｉ（Interest：興味）→Ｄ（Desire：欲求）→Ｍ（Memory：記憶）→Ａ（Action：行動）があり、「消費者の注意を引き、興味を引き起こさせ、欲しがらせ、心に刻ませ、購入させる」という過程を示したものです。これらを意識することで、効果的なプロモーションミックスを実現することができます。たとえば、「現在、ＡやＩの段階なら広告を中心とするプル戦略を、ＤやＭの段階では人的販売を中心とするプッシュ戦略を行ったほうが効果は上がる」といった具合です。

4-13 競争優位のマーケティングミックス

マーケティングミックスのまとめとして、ここでは、企業が市場で置かれている様々な立場によって、とるべき行動が異なることを見ていきましょう。

(1)リーダー企業

リーダー企業とは、**業界において最大のマーケットシェアを持つ企業**です。所有する経営資源は多く、その質も良質である場合が多いため、リーダー企業における基本的な戦略は、その豊富で質の高い経営資源を最大限に活用した**規模の経済性**を追求する**全方位戦略**（フルライン・フルカバレッジ）を行います。

(2)チャレンジャー企業

業界において、２、３位といった地位にある**チャレンジャー企業**の基本的な戦略は、リーダーとは異なる**差別化戦略**を行います。

競争地位別の競争対抗戦略

競争地位	競争対抗戦略			
	戦略課題	基本戦略方針	戦略ドメイン	戦略定石
マーケット・リーダー	市場シェア 利潤 名声	全方位型 （オーソドックス） 戦略	経営理念 （顧客機能中心）	周辺需要拡大 同質化 非価格対応 最適市場シェア
マーケット・チャレンジャー	市場シェア	対リーダー差別化 （非オーソドックス） 戦略	顧客機能と 独自能力の 絞り込み （対リーダー）	上記以外の政策 （リーダーが できないこと）
マーケット・フォロワー	利潤	模倣戦略	通俗的理念 （良いものを 安くなど）	リーダー、 チャレンジャー政策 の観察と 迅速な模倣
マーケット・ニッチャー	利潤 名声	製品・市場 特定化戦略	顧客機能 独自能力 対象市場の 絞り込み	特定市場内で ミニ・リーダー戦略

出所：嶋口充輝「戦略的マーケティングの論理」（誠文堂新光社）

(3)フォロワー企業

　他の企業へ追随していこうという**フォロワー企業**は、経営資源においては、質が低く、少量です。基本戦略は、**模倣戦略**を行います。

(4)ニッチャー企業

　ニッチ（すきま）市場を対象として専門化しており、資源が限定されている小規模なニッチャー企業の基本戦略は、**「特定セグメント」での集中・専門化戦略**です。

　実際には、この基本的な競争ポジション別の戦略をベースとしながらも、個別業界による特徴や当該会社の強み（持続可能な競争優位の源泉）の現時点の程度等により、自社が採るべき戦略を決めていきます。

第5節　顧客維持のマーケティング戦略

5-1 リレーションシップマーケティング①

昨今の市場の多くは**成熟化**し、新たな顧客を探し出すのは大変困難な状況にあります。それは、新規顧客を開拓するより、定期的に他社への乗り換え等により失っていく**既存顧客を維持**するほうが、宣伝広告等の費用が少なく、効率的である場合も多い、ということを意味します。そのような背景から生まれたマーケティング手法が、リレーションシップマーケティングです。**リレーションシップマーケティング**とは、長期的な顧客との「関係づくり」を重視し、顧客維持のための仕掛けと組織づくりを情報技術を活用しながら実現する顧客維持の戦略で、**顧客数のカバーより、顧客ニーズのカバー**（顧客1人に対し、どれだけニーズに合った提供ができるか）を重視します。

【顧客満足≠顧客維持】

「離反顧客の80％は、離反する前の商品・サービスに『満足していた』と答える」、と言

顧客維持のための十分条件

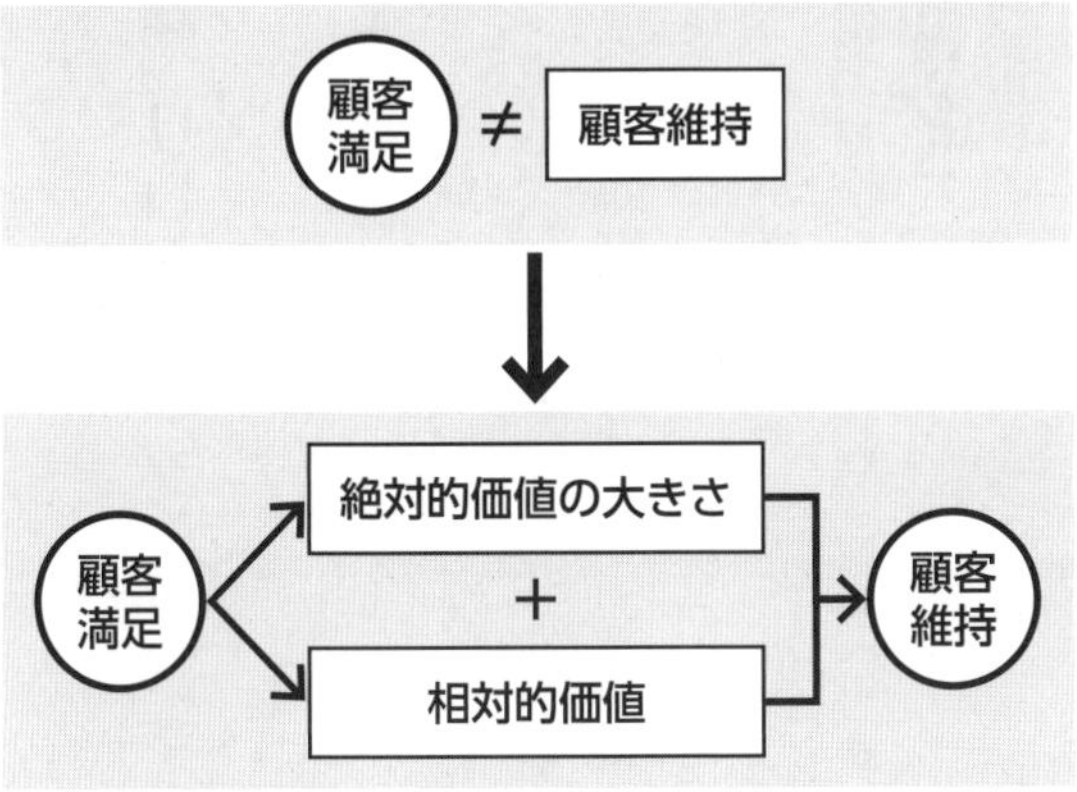

われるほど、単に顧客ニーズに合った商品・サービスの提供だけでは顧客を長期間にわたって維持することはできません。**どんな顧客に、どの部分のニーズをどの程度高いレベルで満たすのか**、という具体的な掘り下げが必要となります。

　実際、顧客満足度はお金をかければいくらでも向上させることができます。問題は、「限られたお金」で自社が欲しい顧客のどのニーズを満たし、長期にわたり自社の顧客で居続けてもらうのか？　つまり、自社が狙う顧客の維持を行うための投資対効果が最大化するようなマーケティングを行う、ということが大命題となります。

5-2 リレーションシップマーケティング②

【顧客生涯価値】

そのような顧客とのリレーションシップを考える上で重要な指標として、**顧客生涯価値（ライフタイムバリュー）**があります。顧客生涯価値は、1人の顧客が生涯にわたって消費する商品の現在価値のことです。つまり、**その瞬間の客数よりも、個別の顧客の維持（リテンション）により、1顧客から一生涯に得られる売上げを最大化しよう、**という考えです。企業が顧客ロイヤリティーを高めることができれば、顧客の維持（Retention）、関連販売（Re-Sell）、顧客から顧客への顧客紹介（Referral）が可能となるからです。

【顧客差別化】

また、リレーションシップマーケティングの前提の1つに、**顧客差別化**という考えがあります。顧客はすべて同じではなく、購入頻度、購入金額などによってマーケティング手

顧客生涯価値

ライフタイムバリュー

＝

1年間に顧客1人あたりから得られる利益

×

平均寿命

×

割引率（現在価値）

法を変えるというものです。顧客差別化を図ることで、顧客と長期的な関係をつくり、顧客は段階が進むにつれて、売り手との信頼関係や忠誠度が深まります。また、同時に企業は重要な顧客が誰かを見極められるようになります。

　顧客差別化の例として活用される**RFM分析**は、最も最近購入された年月日（Recency）、過去1年などの一定期間に何回購入されたかの購入頻度（Frequency）、一定期間での購買金額（Monetary）の3つの変数に企業独自に設定されたウェートをつけ、その合計の評価点で、ターゲットとすべき顧客セグメントの抽出およびプライオリティー（優先順位）付けを行います。

COLUMN

マーケティング
パワー・プライサーへの転換

「『20％の価格引き下げが貢献利益を50％減らす』こともあり、『値下げ前と同じ利益を得るためには2倍売らないといけない』こともある。そして大抵は失敗する。これらはコスト構造を無視した表面的かつ反射的な価格政策だからだ」

ハーバードビジネススクール教授のドーラン・ロバート・ジュニアはこう主張し、従来型の「コスト積み上げ（コストプラス型価格設定）」からの脱却をし、**「顧客価値を起点として行われるプライシング」を実践できる組織および個人（パワー・プライサー）への転換**を奨励しています。

実際、多くの企業では製品政策やプロモーション政策、チャネル政策といった「品質」と「販売チャネル」の準備には余念がないものの、**価格政策に関しては驚くほど「考える努力をせずに」短期的な販売施策を立てている**ため、その場その場での値引きや価格設定になっているのです。

「顧客が認知する価値」をベースにするということは、すなわち、①**競争環境の分析（持続的な競争優位の源泉と差別化の把握）**、および②**顧客分析（セグメンテーションごとのニーズと**

対象製品、価格弾力性と支払い能力などの把握）を大前提として把握しておく必要があるということです。

そのうえで、競合と顧客セグメントをあわせて、**③製品のポジショニングを設定し、④マーケティングミックスの1つとして価格政策を捉え**ます。つまり、これは戦略に紐づき、大方針に沿って**整合性が取れた価格政策**の策定が必要になるということです。

「価値がコストを決定するのであって、その逆ではない！」。これは、コストプラス式のプライシングではなく、顧客の製品に対する認識された「価値」（**顧客視点における本質的な価値**）をベースに組み立てるべきだということです。当然ながら、その価値とコストが合わないのであれば、その製品は出すべきでありません。つまり、**想定が変われば、開発計画そのものを白紙に戻す**といった大きな意思決定を行うくらいの危機意識で、顧客起点での価値に根ざした価格設定、製品開発を行うことが重要なのです。

ますます製品のコモディティ化が進み、グローバル化により市場競争が激しく差別化が困難な時代を迎える中、**価格政策の成否は製品や事業、ひいては会社の運命を左右する**と言っても過言ではありません。事業の成功に与える、「価格戦略」の影響力を今一度考え、思いつきや小手先でない「不確実なシナリオを含め、再現性のある価格政策」を設計したいものです。

第2章
クリティカルシンキング

情報化が進んでいる現在では、大量の情報の洪水にさらされているといっても過言ではありません。今重要なのは、情報の入手よりもむしろ、「どんな判断をするために、どんな情報が必要なのか？」という物事の前提を考え、効率よく少ない情報で、意思決定を行う、という情報整理能力です。

そこでは、権威や見かけに騙されたり、身近にいる数人の評価だけで物事の評価・判断をするなど、物事を単純化して判断したりすることを避ける必要があります。本章ではそのように先入観を捨て、物事を論理的・多面的に見る思考法の全体像を、わかりやすく説明します。

まず第1節では、この思考法、つまり「クリティカルシンキング」の定義と、日常の仕事の中でのかかわりを説明します。

第2節では、論理の展開方法の基本形である演繹法と帰納法について学び、説得力のある説明とは何か、を確認します。

第3節では、日常の世界ではいかに既存の枠または過去の経験にとらわれずに、冷静な判断を取るべきか、というゼロベースの思考を考えます。

第4節では、論理的な思考を深め、最善の問題解決案を得るために必要な、問題追及のプロセス、つまり「Whyを繰り返すことの重要性」について学びます。

第5節では、解決案にいたるまでの前提条件やオプションをいかに完璧に準備をするか、といった鉄則「モレなく、ダブりなく、(MECE)」を使うのに適した経営理論またはフレームワークを紹介します。

第6節では、3Cやマーケティングの4Pなど、ビジネスの中でMECEを使うのに適した経営理論またはフレームワークを紹介します。

第7節では、論理的な説明を「文書」で説明するためのルールとして、ピラミッド構造を紹介し、いかに読み手にわかりやすく、効率的な説明ができるかを学びます。

第8節では、前節までで学んだ法則を適応させながら、最終的な答えを導く「ロジックツリー」という考え方を説明します。

第1節　クリティカルシンキング

1-1 クリティカルシンキングとは

【クリティカルシンキングの定義】

クリティカルシンキングとは、わかりやすく言えば、「物事を客観的、論理的に考え、それを相手にわかりやすく伝えるための思考方法」と定義されます。すなわち、**事実や情報を基に、自分の頭で推論し、結論を導き出す思考法**のことです。

【Critical に考える】

クリティカルシンキングを始めることとは、問題の本質を見抜く努力を始めることです。私たちは目に見える問題にのみ対処しがちです。火事が起こったとき、火を消すことは当然必要ですが、一歩先に進んで「**なぜ起こったか?**」「**なぜこの地区では火事が多いのか?**」「**どうやったら火事を減らせるか?**」というように思考をどんどん展開していく努力がクリティカルシンキングのスタートとなります。

クリティカルシンキングとは

critical
- ●批評の、評論の－批判的な、あら捜しをする
- ●重大な、決定的な　（ジーニアス英和辞典より）

クリティカルシンキング
- ●物事を鵜呑みにしないで、論理的に自分の頭で考え、結論を導きだす！

日々のビジネスでクリティカルシンキングを実践する

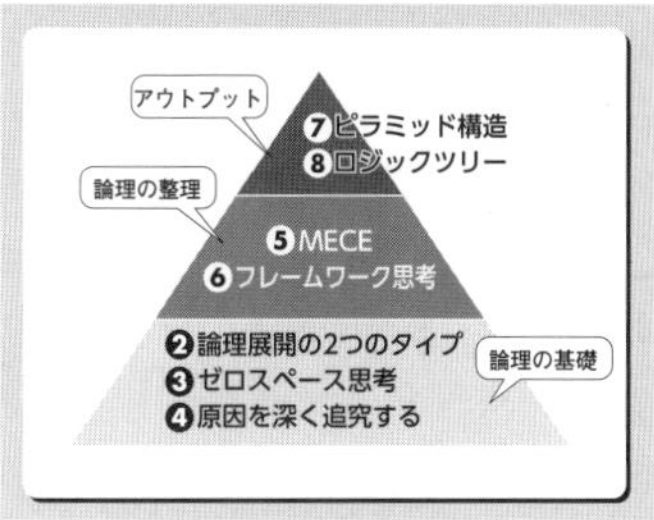

【日常で活かす】

クリティカルシンキングを日常生活やビジネスで活かすためには、私たちが日常生活で**意識的に活かして行く**癖をつけるしかありません。この分野は「頭ではわかっていても、なかなか実践するのが難しい」と言われる領域です。実践が難しいのは、それを活かす場面にあっても、そもそものことに気づかないことが多いからです。次項でその実践のコツを見てみましょう。

1-2 クリティカルシンキング実践のコツ

意識的に考える癖をつけるといっても、どうすればよいのでしょうか。

たとえば、毎回寝坊する人が反射的に「目覚まし時計の数」を増やしたところで根本的な問題の解決にはならないことはほとんどです。寝坊する理由は目覚まし時計の数が少ないからでなく、「まだ時間がある」と二度寝をしてしまうからです。つまり、頭の中で「まだ時間がある」と考える余地を与えることが問題の本質であり、目覚ましが鳴ったら「何も考えず（無意識に）」起き上がり、とにかく1秒でも早くシャワーやコーヒーなど自分に合った方法で完全に目を覚ますための行動へと移すことができるかどうかがポイントと言えます。つまり、朝寝坊の真の原因は、「**頭で考えてしまうこと（計算している）**」であり、目覚まし時計の数が少ないからではありません。そして、それを解決するには、「**考えないで起き上がる**」ことしかないのです。

クリティカルシンキング実践のコツ

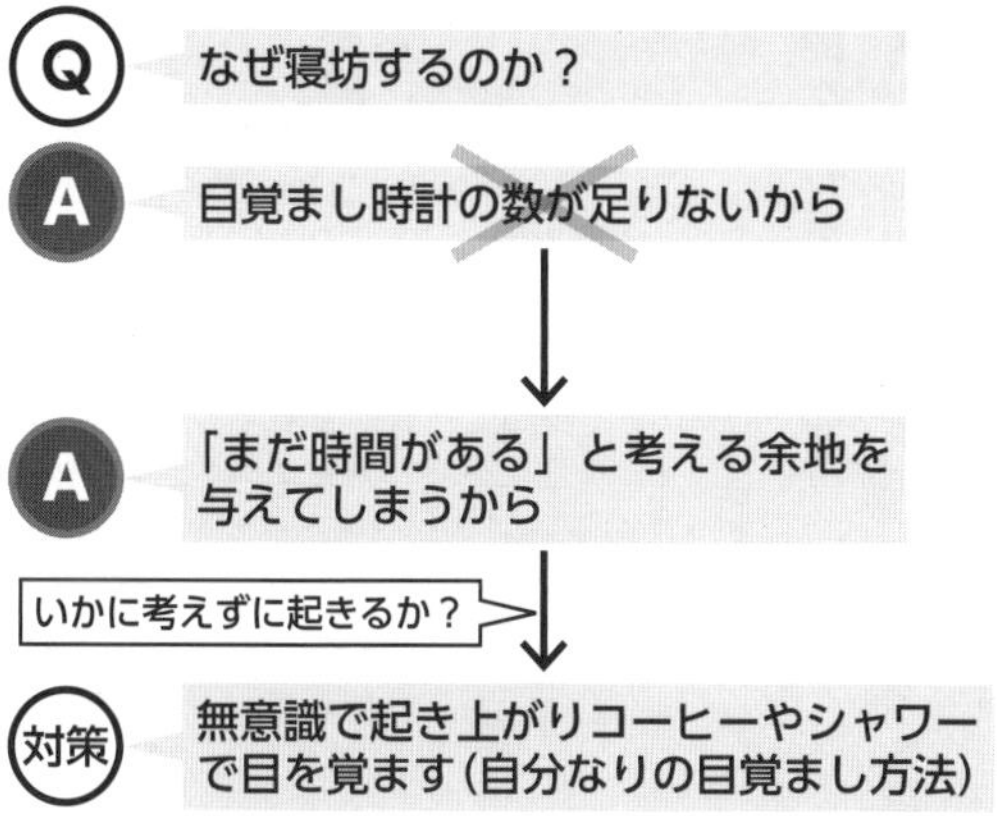
Q
なぜ寝坊するのか？
A
目覚まし時計の数が足りないから
A
「まだ時間がある」と考える余地を与えてしまうから
いかに考えずに起きるか？
対策
無意識で起き上がりコーヒーやシャワーで目を覚ます（自分なりの目覚まし方法）

このように行動を変えるには、「当たり前」と思っていることを自己否定して、毎回ゼロから頭で組み立てなおす癖を作る必要があるのです。**日常生活でできないことが、ビジネスの場でできることは稀である**と言えます。

本書は「実際にビジネスに活かしていく」ことを最終的な目的に据えて構成されています。まずは論理的に物事を考えることの基礎を説明し、クリティカルシンキングの基礎を学びます。そして、それを実践する文書やプレゼンテーションといったアウトプットへ活かしていく方法を説明します。またビジネス上における問題解決をどのように導くかを説明していきます。

第2節　論理展開のタイプ

2-1 論理展開の2つのタイプ　～演繹法と帰納法～

【論理展開の2つのタイプ】

日常のコミュニケーションにおいて、相手の話が理解できない、自分の話をわかってもらえない、という問題はたいてい**論理展開がうまくいっていない**ことに起因しています。論理展開とは、メッセージを伝える上での道筋であり、これがおかしいとメッセージの受け手は理解に苦しみます。ここでは、論理展開の2つの基本形である**演繹的**論理展開と**帰納的**論理展開について説明します。

【演繹的な論理展開とは】

演繹的な論理展開は、通常いわゆる**三段論法**の形で表現されます。これは、まず事実（前提）があって、そこから解釈を通して結論が導かれる論証形式で、①まず世の中に実在する事実（ルール）を述べ、②その事実に関連する状況（観察事項）について述べた上

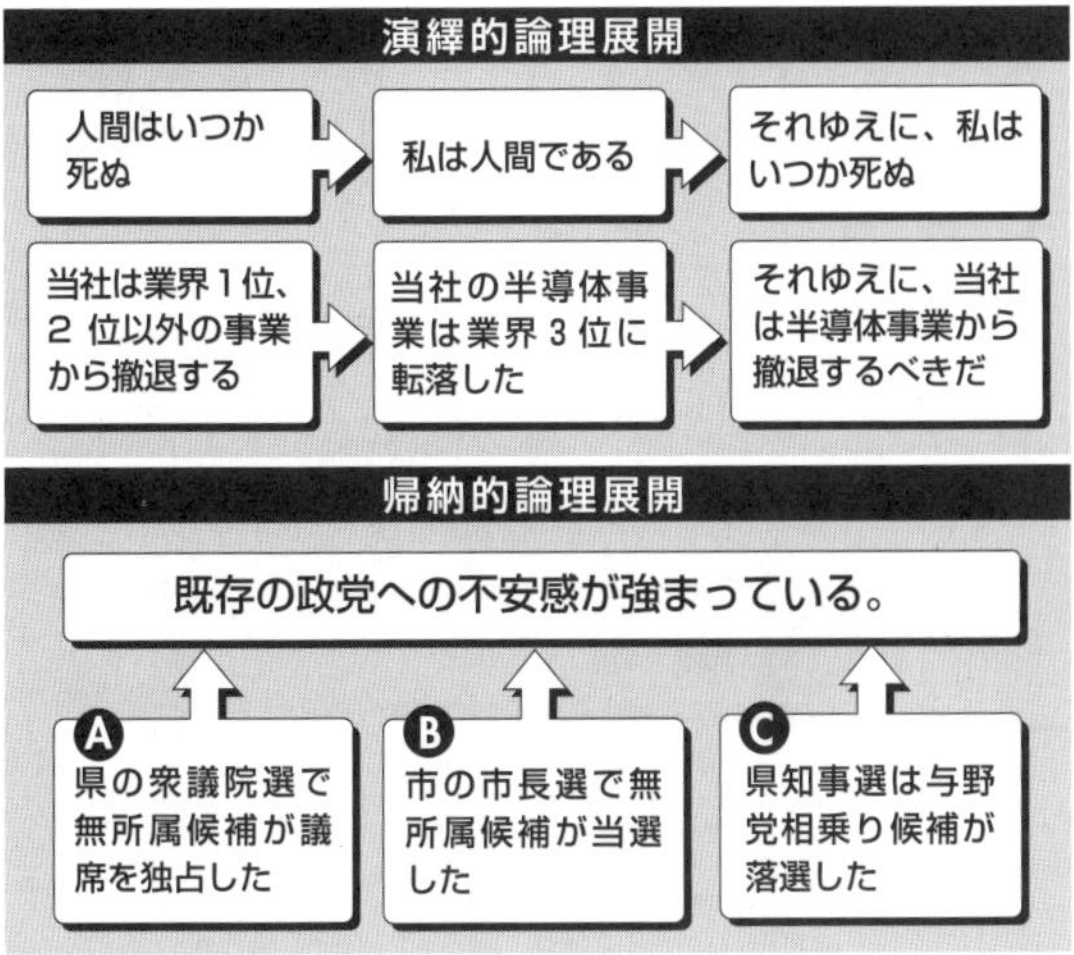
演繹的論理展開
人間はいつか死ぬ
私は人間である
それゆえに、私はいつか死ぬ
当社は業界1位、2位以外の事業から撤退する
当社の半導体事業は業界3位に転落した
それゆえに、当社は半導体事業から撤退するべきだ
帰納的論理展開
既存の政党への不安感が強まっている。
A 県の衆議院選で無所属候補が議席を独占した
B 市の市長選で無所属候補が当選した
C 県知事選は与野党相乗り候補が落選した

で、③前記の2つの情報が意味することについて解釈し述べる（結論）、という順序で展開されます（図表参照）。

つまり、観察事項をルールと照らし合わせ、観察事項からルールにコメントし、「それゆえに」という言葉で結論を導きます。

【帰納的な論理展開とは】

帰納的な論理展開とは、複数の観察された事実や意見の**類似性から結論を導く**方法です。「観察された情報の共通性から導ける結論を考え出す」という作業が必要です。ですから、結論はたいてい「……だろう」「……のようだ」という推測の形をとることになります。

第3節　ゼロベース思考

3-1 ゼロベース思考とは

【ゼロベース思考とは?】

ゼロベース思考とは、これまでの**既存の枠に捉われずに**考えることです。言い換えると、自分たちの**常識や既成概念をリセット**し、考える枠を大きく広げて新しい可能性を求める思考です。**過去の成功体験や自社・自部門の常識**に捉われて、その経験や常識に基づいた思考しかできないとしたら、枠の外にある解決につながる要素を見落としてしまいます。

【既存の枠の中での思考は論理的な思考を阻害する】

たとえば、「**売り上げが落ちている**」→「**営業マンに気合が足りない。もっと喝を入れろ**」、「**業務の効率が悪い**」→「**もっと集中しろ**」、このような会話では、完全に**論理が抜け落ちています**。なぜ売り上げが落ちているのが「営業マンのせい」なのか、それをまったく説明していません。単純に問題に反射的に解答しているだけです。これは、原因を追

ゼロベース思考

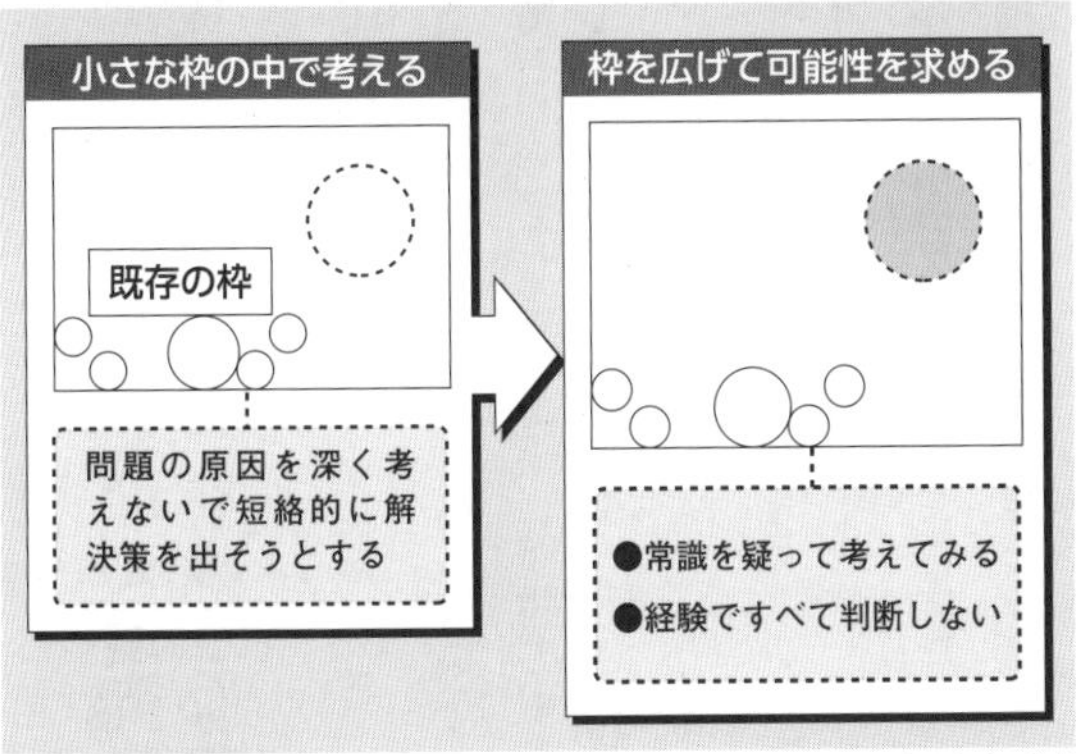
小さな枠の中で考える
既存の枠
問題の原因を深く考えないで短絡的に解決策を出そうとする
枠を広げて可能性を求める
●常識を疑って考えてみる
●経験ですべて判断しない

※齋藤嘉則「問題解決プロフェッショナルー思考と技術」ダイヤモンド社、1997年を参考に作成

究して具体的な解決策を考えようとするより、「今までもこうだったから」という既存の枠から解答を導いてしまっているのです。この既存の枠をリセットし、原因を広く深く考えてこそ新しい解決策を導ける可能性が高まります。

【ユーザーの価値とゼロベース思考】

ゼロベース思考を具体的に実践するためのコツは、ユーザーの視点から考える、ということです。「ユーザー（顧客）が何を欲しているか」ということから思考をスタートさせ、思いついた案をすぐに「これは無理だ」と「常識」で判断してしまうのではなく、枠の外にある可能性を常に考えるようにします。

第4節　原因追究

4-1 原因を広く深く追究する ～「なぜ」を繰り返すことの重要性～

【原因追究の必要性】

前項で述べたように、単純に結果から解決策を導こうとすると、**問題を裏返しただけの解決策**となってしまいます。**問題の根本的な原因**を特定することができれば、あとはその原因に即した解決策を考えるだけです。しかし、原因を広く深く考えることが不十分であれば、表面的な問題のみを解決してもいずれ再発します。「最近胃が痛い」からといって胃痛止めの薬を飲んでその場はしのげても、また同じ問題に悩まされるわけです。胃痛の根本的な原因に対する解決策を考えなければなりません。

【広がりをとらえる　～さまざまな可能性をリストアップ～】

胃痛であれば、その原因は多々考えられます。ストレスかも、はたまた胃ガンかもしれません。原因を広い視野で探す（ゼロベースで考える）ことで、重要な要素を見逃すこと

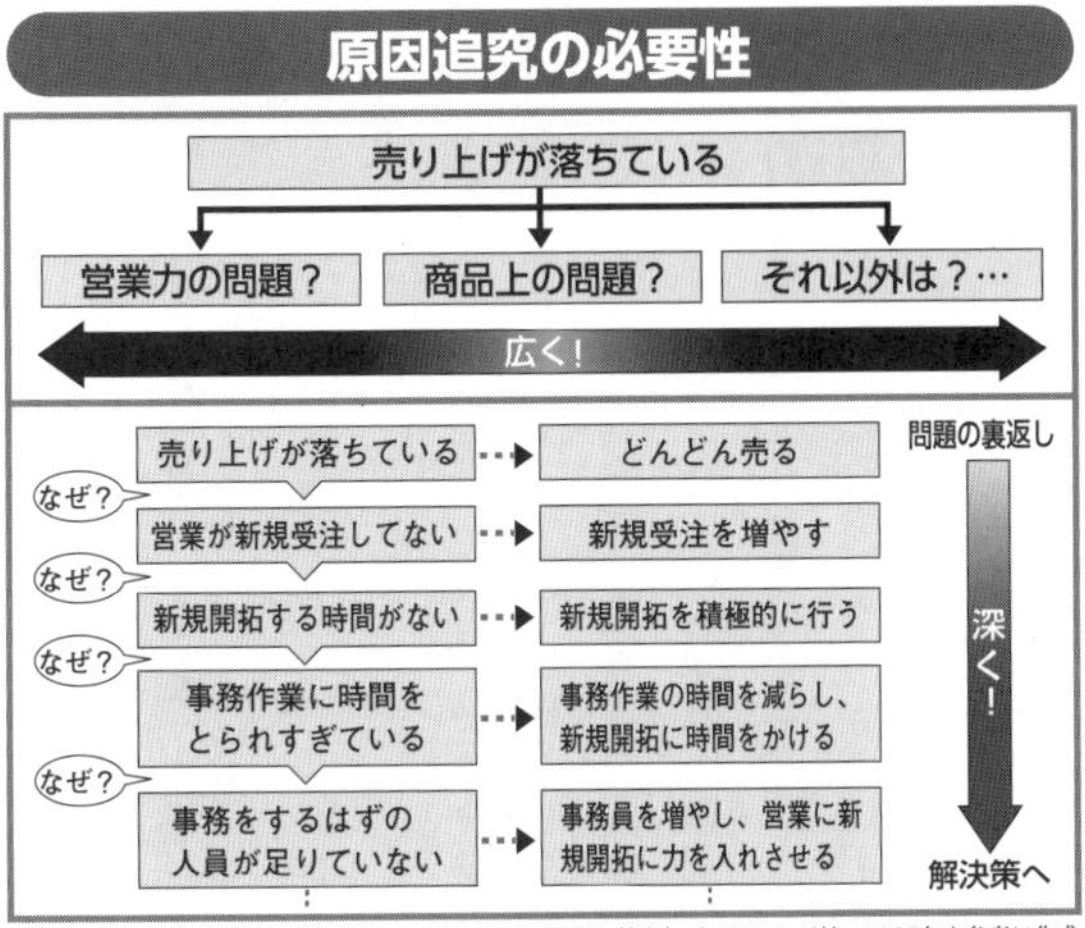
原因追究の必要性
売り上げが落ちている
営業力の問題？
商品上の問題？
それ以外は？…
広く！
売り上げが落ちている
どんどん売る
なぜ？
営業が新規受注してない
新規受注を増やす
なぜ？
新規開拓する時間がない
新規開拓を積極的に行う
なぜ？
事務作業に時間をとられすぎている
事務作業の時間を減らし、新規開拓に時間をかける
なぜ？
事務をするはずの人員が足りていない
事務員を増やし、営業に新規開拓に力を入れさせる
問題の裏返し
深く！
解決策へ

※両図とも齋藤嘉則「問題解決プロフェッショナル—思考と技術」ダイヤモンド社、1997年を参考に作成

を防ぎます。さまざまな可能性をリストアップしたら、個々を深く掘り下げることで、原因を具体化、追究できるはずです。

【問題を深くとらえる　〜「なぜ？」をしつこく！〜】

すぐに解決策を出したいという欲求は誰にでもあるものですが、それを我慢して、問題を限界まで追究していく練習を習慣づけたいものです。具体的には、「なぜ？」「どうして？」とひたすら自問を繰り返してみます。「なぜ？」を繰り返すたびに問題の原因と解決策が具体化されていくのが見て取れると思います。キーワードは、「超」具体的なレベルまで掘り下げるということです。

第5節　MECE

5-1 MECE　～モレなくダブリなく～

【MECEとは】

MECEとは、Mutually Exclusive and Collectively Exhaustive の略で、「個々の事柄が重複することなく、しかも全体として漏れがない」という意味です。この「**モレなくダブリなく**」という概念は、重要な要素を漏らしてしまうことや、同じことが重複してしまうことによってもたらされる非効率を未然に防ぐことができます。

【ダブリはないがモレがあるケース】

営業マンが顧客となる企業にアプローチする際に、仮に彼が「IT系」企業の担当だとします。「IT系」といっても、これは様々な企業に分類できます。ソフトウェア、SI、ITコンサル……。さらにそれぞれもっと細かく分類できます。彼が細かく分類するほどモレはなくなりますが、モレの分だけビジネスチャンスを失うことになります。ですか

MECEとは

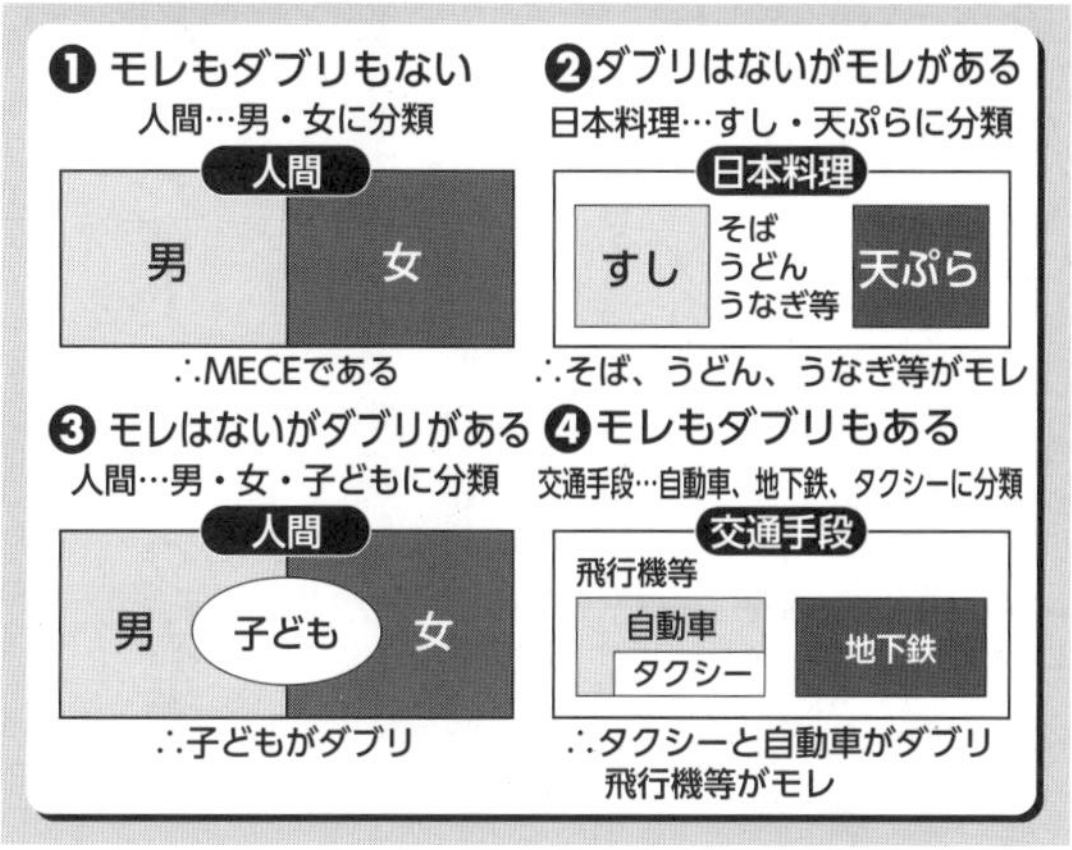

ら、できるだけモレを出さないように、前述の「ゼロベース思考」で物事を大きく捉え、重要な要素を見落とさないようにしなければなりません。

【モレはないがダブリがあるケース】

たとえば、同じ客先に同じ企業の営業マンが別々にアプローチしてしまうケースです。あえて戦略的にダブらせているのならいいのですが、そうでなければ「しつこい」と思われてしまったり、混乱を与えてしまう可能性があります。

【モレもダブリもあるケース】

すでに述べたモレの問題とダブリの問題を併せ持っているのですから、かなりの資源配分上の問題が起こりえます。

第6節　フレームワーク思考

6-1 フレームワーク思考

【MECEを作るための便利なフレームワーク】

では、実際にMECEを問題解決やコミュニケーションでどのようにつくればよいのでしょうか。そこで便利なのが、これから紹介するフレームワークです。フレームワークとは、**「これを押さえておけば大きなモレやダブリがない、という切り口」**を言います。

【フレームワークの例(1)3C】

企業の環境分析で一般的に活用される切り口に「3C」があります。3Cは、事業全体の現状を大きく①**顧客**（customer）、②**競合**（competitor）、③**自社**（company）として捉え、それから個々に分析を加えていきます。たとえば、「Aスーパーの現状を説明せよ」という課題があるとします。そこでまずは支店の商圏の状況を市場の動向や顧客の動向から説明し、次は競合スーパーの戦略を説明し、次は自店の状況……と捉えます。

フレームワーク思考

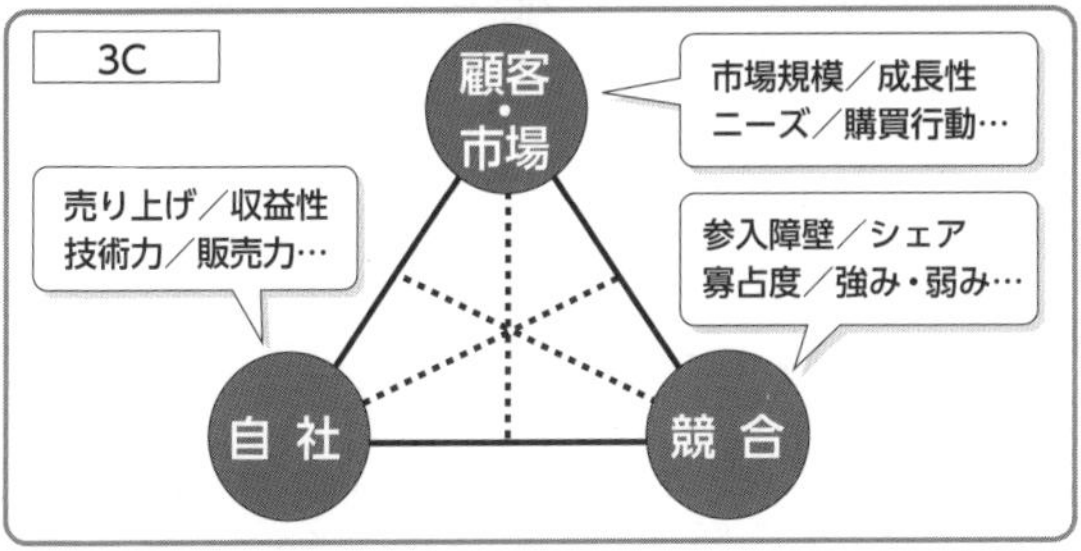

※両図ともに照屋華子、岡田恵子著「ロジカルシンキング」東洋経済新報社、2001年を参考に作成

【フレームワークの例(2) 4P】

顧客に対するアプローチにおいて重要なフレームワークが、マーケティングの4Pです。たとえば、Aという**商品**（product）を、**いくら**（price）でどの**チャネル**（place）に、どんな**プロモーション**（promotion）で売るのかをセットで考え、方針としてまとめることが重要で、たとえば、そこで価格（price）が抜け落ちていたらその方針が良いのか悪いのかの判断ができません。

その他、私たちが日常的に使う「**メリット・デメリット**」や、「**短期・中期・長期**」なども、どちらかまたは1つだけ考えても正しい判断ができないようなフレームワークと知らず知らずに使っているものです。

第7節　ピラミッド構造

7-1 ピラミッド構造とその作り方

【ピラミッド構造とは】

書き手は、読みやすい文書を書くように工夫しなければなりません。

論理的で、読み手にとって読みやすい文書とは、図のようなピラミッド構造からなります。読み手にとって一番わかりやすい文書とは、まず**主たる大きな考え**（**主張**）を示し、そのあとに**大きな考えをサポートする小さな考え**を述べます。

この構造は、提案書や顛末書など文章のみならず、会話やプレゼンテーションなど口頭における説明時にも同様に当てはまります。

【ピラミッド構造の作り方】

現場においては、自分の言いたいことが明確にわかっている場合とわかっていない場合に応じ、**トップダウン型**と**ボトムアップ型**という2つの方法で組み立てられます。

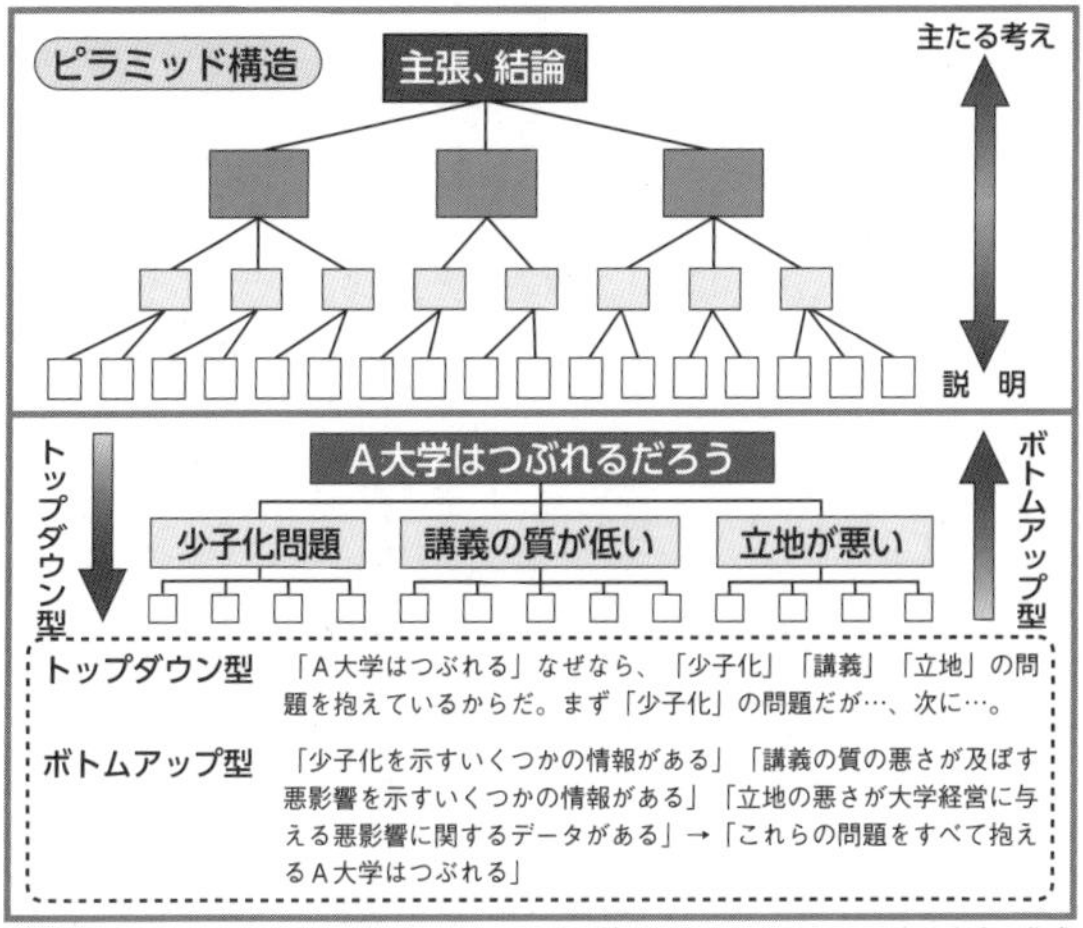
ピラミッド構造
主張、結論
主たる考え
説明
A大学はつぶれるだろう
少子化問題
講義の質が低い
立地が悪い
トップダウン型
ボトムアップ型
トップダウン型　「A大学はつぶれる」なぜなら、「少子化」「講義」「立地」の問題を抱えているからだ。まず「少子化」の問題だが…、次に…。
ボトムアップ型　「少子化を示すいくつかの情報がある」「講義の質の悪さが及ぼす悪影響を示すいくつかの情報がある」「立地の悪さが大学経営に与える悪影響に関するデータがある」→「これらの問題をすべて抱えるA大学はつぶれる」

出所：バーバラ・ミント「新版考える技術・書く技術」ダイヤモンド社、1999年を参考に作成

①トップダウン型アプローチ

自分が一番いいたいことがはっきりしている場合に用いると効果的です。まず主たる考えを述べ、そのあとにピラミッド構造における下のレベルの個々の考えを1つひとつ説明していく方法です。

②ボトムアップ型アプローチ

言いたいことがイマイチ自分にもわかっていない場合に用います。まず自分の言いたいことをすべてリストアップします。そして、それらがどのような関係にあるか、そこから何か導けるかを下のレベルから順に考えます。いわゆる帰納的論理展開と同様のプロセスです。ただし、最後に文書にするときには、結論から書き始めることをお忘れなく。

7-2 ピラミッド構造 〜ピラミッド構造を文書に反映させる〜

【読み手にとってわかりやすい文書はどちら？】

次ページの2つの例は、同じテーマに関しての報告書となっていますが、どちらが読み手にとってわかりやすいでしょうか。

ただ**単純に根拠を羅列する①よりも、ピラミッド構造を反映している②のほうがわかりやすい**のではないでしょうか。まず最も言いたいこと（「購入すべきだ」）を述べ、その根拠を3つの大きなポイントに分け（グループ化し）、小ポイントでそれをサポートする構造です。読み手がこの意見に賛成するかは別としても、理解はしてもらえるはずです。それに比べて、①は、「要は何なの？」という疑問が沸き、最後の結論にたどりつくまでになぜそのような結論になったのか、把握しづらいのではないでしょうか。

ピラミッド構造を反映させた文書は？

報告書 1

A社のフランチャイズ権購入の是非について

A社フランチャイズ権購入の是非についての検討結果をご報告します。

A社は、
1. 高いマーケットシェアを持つ
2. もともと低コスト構造である
3. 管理プロセスが単純で、併合も容易に可能
4. 市場に手強い競合がいない
5. 売上が成長途上である
6. 別個の事業であり、併合も可能
7. 利益が拡大基調にある

以上を考慮すると、同権利は早急に購入すべきです。

報告書 2

A社のフランチャイズ権購入の是非について

A社フランチャイズ権購入の是非についての検討結果をご報告します。同権利購入によって当社にもたらされる、戦略的なメリットは極めて大きいものであり、早急に購入を決断すべきです。

1. 業界平均より高い成長が見込める
   - 高いマーケットシェア（15%以上）
   - 手強い競合がいない
2. 高い財務メリットが見込まれる
   - もともと低コスト構造である
   - 売上が成長途上である
   - 利益は拡大基調である
3. 事業併合が容易である
   - 管理プロセスが単純である
   - 別個の事業である

出所：バーバラ・ミント「新版 考える技術・書く技術」ダイヤモンド社、1999年、23頁を加筆・修正

第8節　ロジックツリー

8-1 原因追究のロジックツリー

クリティカルシンキングの実践には、論理をツリー上にしたロジックツリーを用います。

【ロジックツリーを作る】

ロジックツリーには、①**問題の原因を追究する**、②**問題の解決策を考える**、という2つの活用法がありますが、ここでは①**の原因追究のロジックツリーの練習**をします。

ロジックツリーをつくる際には、これまで説明してきたクリティカルシンキングの鉄則を忘れないでください。論理展開を考える、「なぜ?」をとことん繰り返す、ゼロベースで考える、MECEで考える、ということです。

【原因追求のロジックツリーの例「利益低下に苦しむ製造業A社の問題の原因」】

「今は不景気だから当然」と反射的に答えを出すのはルール違反です。それでは、順を追って利益低下の原因を分解、追究していきます。まず、営業利益は売上と費用に分解でき

原因追究のロジックツリー

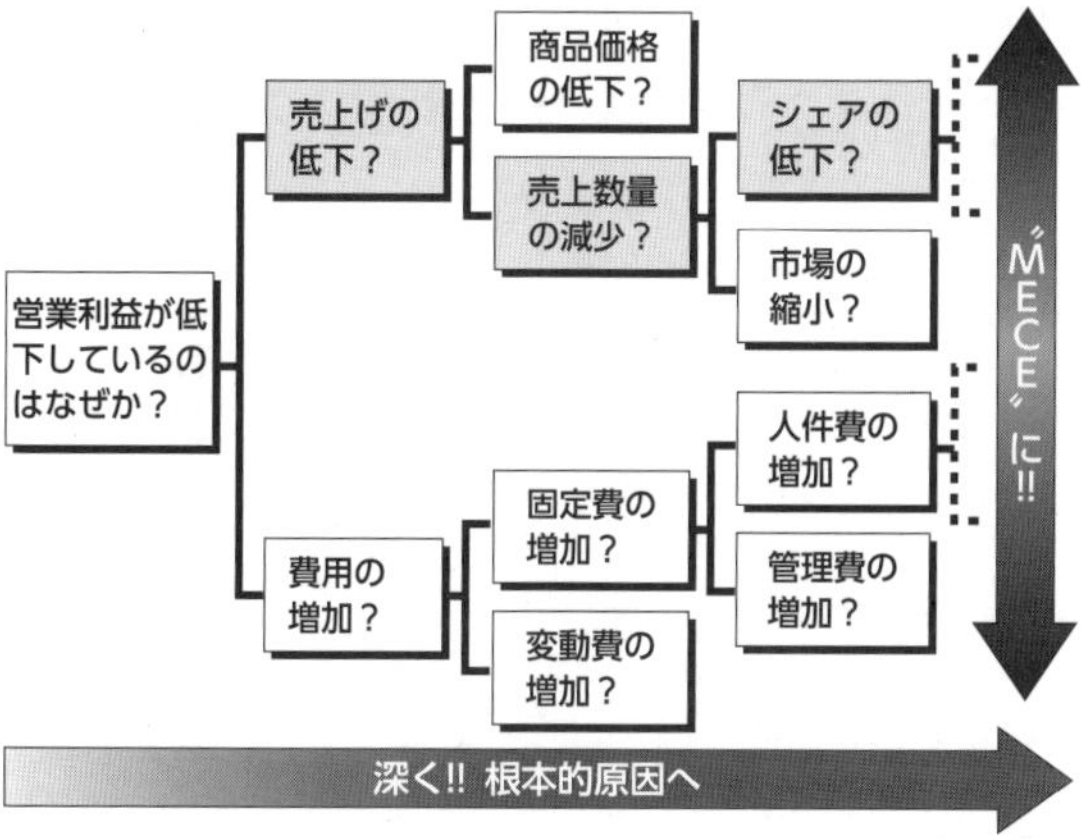

ます。会社のデータを調べてみたら、費用の増加が認められず、売上低下が顕著だったとします。それなら次は、売上低下をさらに「なぜ?」で分解します。商品価格の低下なのか、売上数量の減少なのか、調べます。後者ならば次は、シェアの低下か? 市場の縮小か?とどんどん深堀りしていきます。それを繰り返すうちに、原因がだんだん具体的になっていくはずです。

また、原因を追究していく際には、**各レベルをMECEに注意して分解**してください。この過程で発見した問題の原因に対して、あとは解決策を考えればよいのです。次項にてそれを説明します。

8-2 問題解決のロジックツリー

【解決策をロジックツリーで考える】

ロジックツリーを使って問題の解決策を導くためには、"**So how?**"（**それでどうする?**）を繰り返す必要があります。前項の例では、「シェアの低下」まで原因を追究してみましたが、このようにいくら深く原因を追究しても、「シェアを増加させろ」では単なる問題の裏返しの解決策になってしまいます。

【問題解決のロジックツリーの例　「A社のシェア回復への解決策」】

前項の例では、A社の利益低下の原因は売上数量の減少を引き起こした「**シェアの低下**」である、というレベルまで追究しました。仮に、この「**シェアの低下**」は、A社のライバルで業界1位のB社のシェア拡大によるものだとします。このとき、A社としては、B社に奪われた分のシェアを回復し、売上数量の回復→利益の回復を目指すことになりま

問題解決のロジックツリー

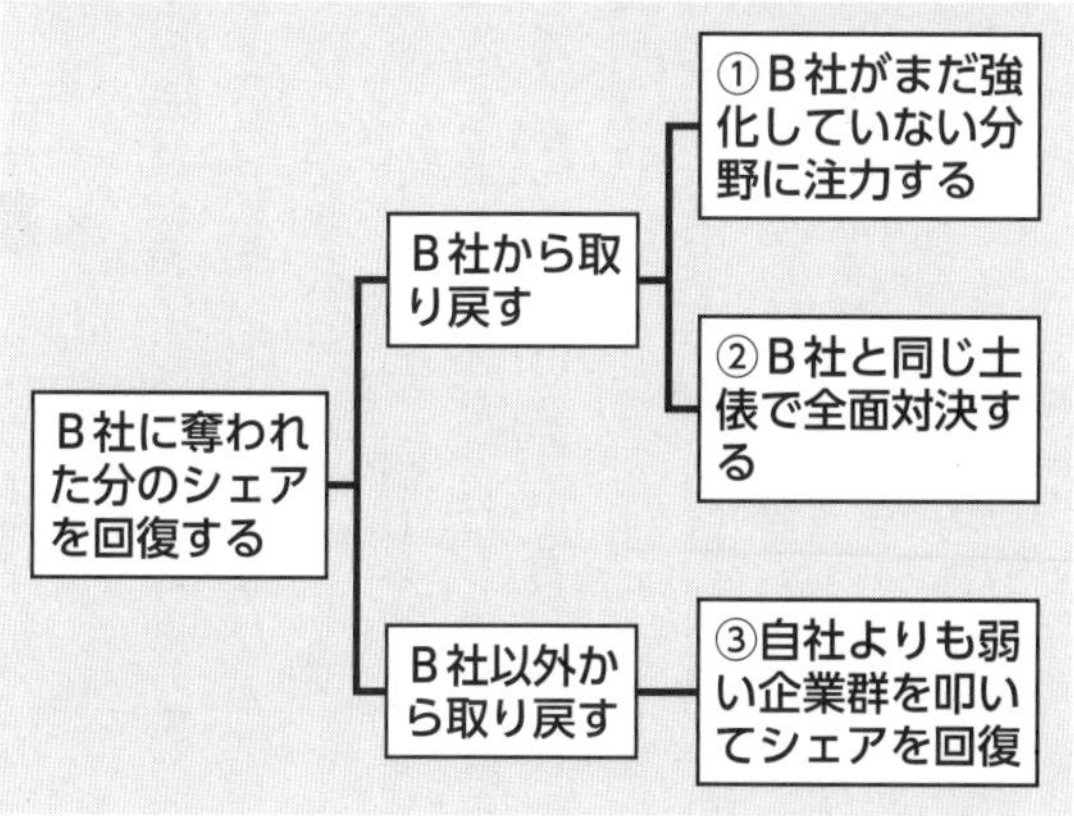
B社に奪われた分のシェアを回復する
B社から取り戻す
①B社がまだ強化していない分野に注力する
②B社と同じ土俵で全面対決する
B社以外から取り戻す
③自社よりも弱い企業群を叩いてシェアを回復

す。そのためにはどのような解決策をとったらよいか、考えてみます。まず、シェアを回復する手段として、〝So how?〟を考えて3つの解決策が浮かんできました。「①新分野に進出し直接対決を避ける」か、堂々と「②直接対決する」か、「③弱いものいじめにする」か、という3つの案です。この3つからどれが解決策としてふさわしいかを判断するために、自社とB社の比較などを分析するわけですが、ここでは仮に2番目の解決策をさらに〝So how?〟してみます。そうすると、「低価格で勝負」か、ペプシコーラのような「攻撃的なCMを打つ」か……など、解決策を具体化していきます。解決策が決まったら、あとは実際にアクションに移ります。

COLUMN

クリティカルシンキング
『バカの壁』とクリティカルシンキング

COLUMN

一世を風靡した養老孟司先生の『**バカの壁**』や樋口裕一先生の『**頭がいい人、悪い人の話し方**』を読まれた方も多いと思われますが、これらの書籍はクリティカルシンキングとの共通要素も多く見られます。

たとえば、『バカの壁』で、**同じ学生に出産にまつわるビデオを学生に見せたとき、女子学生は「学ぶことがたくさんあった」と言い、男子学生は「教科書で習った通りですでに知っていることだけだった」**というというお話がありました。

その「**知っている**」というレベルに大きな差があったということです。つまり、その点においては、女子学生のほうが深い洞察があったということになります。

一般的に我々が感じる「地頭の違い」は、①「**想像力**」と②「**論理力**」という一見相対する概念の力の差と言えます。

「**想像力**」とは、「問題そのもの」に気づいたり、一見正しい理論に「落とし穴」や前提となる制約条件を見出したりという〝気づきの力〟です。

一方、「**論理力**」とは、その「気づいた」問題について、分析をしたり、解決案を正しく考えたりする〝**整理する力**〟と言えます。

論理思考の概念はわかっても、なかなか「**実践できない**」と言われますが、実践が難しい最大の理由は、「**想像力（気づき）の欠如**」であると言えます。入門書である本書では、あえてクリティカルシンキングとロジカルシンキング（論理思考）の違いを強調していませんが、**本来のクリティカルシンキングは、より主体的に物事の課題に対して取り組むための「前提そのものを定義する力」を重要な要素として含んでいます。**

「**失敗して反省して改善する人**」と、「**成功しても『あのときこうやっていたら、もっと良かったかもしれないのではないか？』ということをいくつも考え、改善できる人**」、どちらも論理思考ができる人と言えますが、本来クリティカルシンキングができる人とは、**後者を自分または自社にとっての「改善」として定義できる人**と言えます。

雑誌『日経ビジネス』に、経営上の失敗を中心にトップが率直にお詫びと説明をするという長寿コーナー「敗軍の将、兵を語る」があります。しかし、残念ながら、多くの著名経営者は、最初こそ謙虚に陳謝しながらも、途中からトーンが変わり、最後には「あの場面では、あの決断が唯一の最善策であった」と言い訳で終わります。もちろん、そんなはずは毛頭ありません。クリシン力には誤った前提でロジックをつくってしまわない謙虚さが必要と言えるのです。

第3章
アカウンティング

会計の入門書の多くは、「決算書」を読めることを目的としています。しかし、決算書の細かな部分にこだわるあまり、企業が本来最も重視すべき目的を見えなくしてしまうことがあります。

もう一度冷静にアカウンティング（会計）を学ぶ意義を考えると、ビジネスマンの1人ひとりがビジネス言語の1つとして、コミュニケーション可能な最低限のルールや指標を押さえ、より「儲け」を意識した経営、仕事の仕方を考えることです。

本章では、アカウンティングを大局的な見地から解きほぐし、これからそれぞれが仕事上で重視すべきものを発見し、体系的に他のビジネス分野と結び付けられるように説明がなされています。

第1節～第3節ではアカウンティングを理解するための基礎をつくるために、それぞれアカウンティングの定義、ルールとなる会計原則とその役割、そして標準言語となる財務諸表（「損益計算書」「貸借対照表」及び「キャッシュフロー計算書」）を理解します。

第4節では財務諸表を使い、その良否を判断するための基準としてのツールとして、財務分析（「収益性分析」「安全性分析」「生産性分析」）を理解します。

第5節では、過去の経営結果の評価ツールとしてのアカウンティングというよりも、むしろ今後重要となってくる「経営に活かすためのアカウンティング」、つまり管理会計についてそのプロセスと手法を学びます。

第1節　アカウンティングの定義

1-1 アカウンティングの定義

企業の所有者は、株式という形で資金を提供している株主であり、**経営陣（取締役）は、その株主から経営を依頼された代理人**として、その経営代理の対価である役員報酬を受け取っています。所有者である株主には、株主総会を通じて会社にとって重要な意思決定を行い、儲かったお金の一部を配当という形で受け取る権利があります。よって経営陣は、株主に対して、経営活動の正確な実績について説明をする義務があります。「説明」することを英語では「アカウント（account）」と言いますが、まさに株主に対して「**会社が儲かっているかどうかを説明すること**」が**アカウンティング（会計）**であると言えます。

【アカウンティングの類型】

アカウンティングは、その用途と性質により、外部報告向けに正確な実績を示す「**財務会計**」と将来の経営活動に活かす内部活用向けの「**管理会計**」の2つに分類されます。

アカウンティングの定義

会計の本質

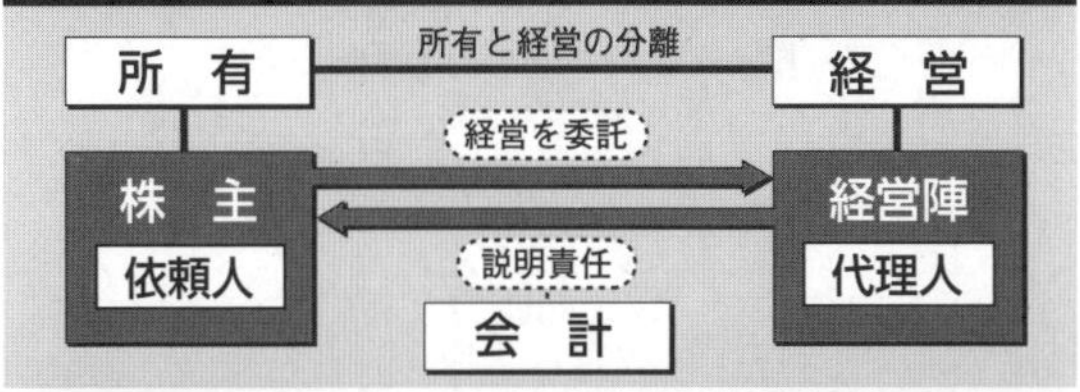

財務会計と管理会計

	財務会計	管理会計
目　的	外部利害関係者への説明	内部管理による合理的経営
利用者	外部利害関係者	経営者
対　象	過去の実績のみ	将来の計画も対象
提供のされ方	財務諸表として報告	経営情報として提供

①**財務会計**……外部利害関係者（株主、債権者、取引先、従業員等）に対し、経営の実績を正確に報告することを目的とした会計で、基本的に**貸借対照表**、**損益計算書**、**キャッシュフロー計算書**と言われる財務諸表を通じて情報開示がなされます。

②**管理会計**……企業内部の経営管理に携わる関係者に対し、経営意思決定に役立つ情報を提供し、経営に役立てることを目的とした会計で、**財務分析**、**損益分岐点分析**などの手法を通じて展開されます。

なお、２０１０年３月期から任意適用の**国際財務報告基準（ＩＦＲＳ）**では、セグメント情報の開示が強化され、これまで以上に財務会計と管理会計の垣根が取り払われてきます。

第2節　会計原則

2-1 会計原則

財務会計の目的は、前述のとおり、**外部利害関係者に対し企業の経営実績を報告すること**であり、その報告手段が財務諸表になります。一方、財務諸表は利害関係者の判断を誤らせないよう、客観的で正確なものでなければなりませんが、そのために敷かれたルールと言える「会計原則」とはどういったものでしょうか。日本における会計原則は大きく以下の**3つで構成**され、それに準拠して会計処理と財務諸表の作成が行われています。

①**一般原則**……企業会計原則の基本部分で、**真実性の原則等**、7つの一般原則があります。

②**損益計算書原則**……損益計算書を作成する場合の原則を定めたものです。代表的なものに**収益と費用の認識の原則**があり、**現金主義**、**発生主義**、**実現主義**の3つの考え方があります。現金主義は、実際に現金の出入りがあった時点で収益・費用を認識する考え方ですが、それでは適正な期間損益計算が不十分であるため、費用の認識には**発生主義**が、また

会計原則

企業会計原則

一般原則
- 真実性の原則
- 正規の簿記の原則
- 資本取引・損益取引区分の原則
- 明瞭性の原則
- 継続性の原則
- 保守主義の原則
- 単一性の原則

貸借対照表原則
- 本質
- 区分
- 配列
- 科目の分類
- 資産の価額
- 費用配分の原則

損益計算書原則
- 本質
- 発生主義の原則
- 総額主義の原則
- 費用収益対応の原則
- 区分
- 実現主義の原則

収益の認識には**実現主義**が採用されています。

③**貸借対照表原則**……貸借対照表を作成する場合の区分、配列、分類、評価などを定めたものですが、代表的なものに**取得原価主義**というものがあります。これは貸借対照表に記載する資産の価額を**購入した時の価額**を基礎に計上するというもので、保守主義に則った原則であると言えます。

このように、会計原則は、企業会計の実務の中に慣習として発達したものの中から、一般に公正と認められたところを要約したものであって、必ずしも法令によって強制されないでも、すべての企業がその会計を処理する際に、従わなければならない基準となっています。

第3節　財務諸表

3-1 損益計算書

損益計算書は、一定期間（通常は1年）における企業の経営成績を表した表です。経営成績は、**利益＝収益－費用（損失）**という算式で行われます。損益計算書では、利用者の便宜を図って、利益の計算プロセスをわかりやすく表現するために、それぞれ意味のある以下の**5つの段階的な利益**を算出する形式になっています。

【5つの段階的利益】

①**売上総利益（売上高－売上原価）**……「売上高」から仕入原価や製造原価である「売上原価」を差引いて計算される利益で、粗利益とも呼ばれています。

②**営業利益（売上総利益－販売費及び一般管理費）**……「売上総利益」から、営業マンの給料など販売活動および管理活動に伴って発生する費用である「販売費および一般管理費」を差引いて計算される利益で、「**本業での儲け**」を表します。

損益計算書

損益計算書における5段階の利益

	売上高	100,000	
−)	売上原価	60,000	
	❶売上総利益	40,000	いわゆる粗利益
−)	販売費および一般管理費	30,000	
	❷営業利益	10,000	本業での儲け
+)	営業外収益	500	
−)	営業外費用	1,000	
	❸経常利益	9,500	企業経営活動全般としての儲け
+)	特別利益	100	
−)	特別損失	400	
	❹税引前当期利益	9,200	最終的な利益
−)	法人税等	4,500	
	❺当期利益	4,700	利益処分に充てることのできる利益

③**経常利益（営業利益＋営業外収益－営業外費用）**……営業利益に、受取利息等本来の事業活動以外からの収益を加算し、支払利息等本来の事業活動以外からの費用を差引いて計算した利益で、「**企業経営活動全般としての儲け**」を表した利益と言えます。

④**税引前当期利益（経常利益＋特別利益－特別損失）**……経常利益に、臨時的または特殊的な事情で発生した利益・損失を加減算した利益で、「**最終的な利益**」と言えます。

⑤**当期利益（税引前当期利益－税金）**……税引前当期利益から所得に対して課税する税金を差引いた利益で、**利益処分（配当等）に充てることのできる利益**と言えます。

3-2 貸借対照表① 負債・資本

貸借対照表は、企業の**一定時点（通常は決算期末時点）の財政状態**を示した表です。財政状態とは、ある時点において企業がどのように資金を調達してきて（資金の調達源泉）、どのようにその資金を運用しているか（資金の運用形態）を言います。貸借対照表では、資金の**調達源泉は「負債・資本」**、**資金の運用形態は「資産」**で示されます。

【負債・資本】

負債・資本は、資金の調達源泉を示し、貸借対照表の右側（貸方）に表示されます。

①**負債**……第三者に対して、将来返済義務がある債務のことで、他人資本とも言います。金融機関からの**借入金や未払いになっている仕入代金（買掛金）**等があります。また負債は、「**流動負債**」と「**固定負債**」に分類されます。「流動負債」は、企業の正常な営業活動のサイクルにおいて発生する負債と1年以内に支払い義務がある負債が該当し、勘定科目

貸借対照表 ー その1 負債・資本

貸借対照表（B／S）

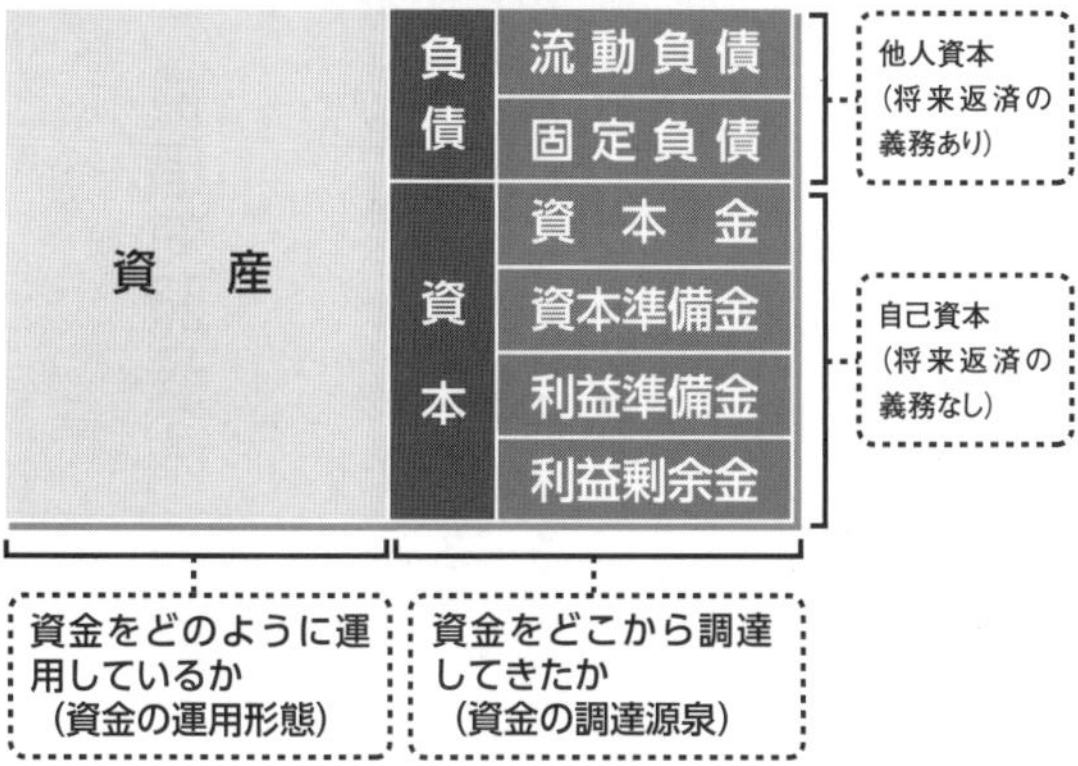

として、支払手形、買掛金、短期借入金等が挙げられます。「固定負債」は、1年を超えて支払い義務が発生する負債のことを言い、長期借入金、社債等が該当します。

②**資本**……投資家から集めた**元手**と、企業が今まで**蓄積してきた利益**を**合計**したものです。負債と違い返済義務がないことから、**自己資本**と呼ばれています。具体的には、株主の拠出資金である「**資本金**」、商法で積立が強制される「**資本準備金**（資本金同様株主の拠出に基づく）」と「**利益準備金**（利益に基づく）」、過去の利益蓄積分から利益準備金を差引いた「**利益剰余金**」が挙げられます。

3-3 貸借対照表② 資産

会社の目的は様々な経営活動を通して、利益を生み出すことにあり、その経営活動を行っていくためには、お金や色々な物が必要ですが、資産はそのお金や物のことを指します。また、資産は、**調達資金の運用状況を表し、貸借対照表の左側（借方）に表示**されます。

資産の種類は、(1)「**流動資産**」、(2)「**固定資産**」、(3)「**繰延資産**」に分類されます。

(1)「流動資産」は、企業の正常な営業活動のサイクルにおいて発生する資産と1年以内に資金回収が予定されている資産、1年以内に費用化が予定されている資産が該当します。

(2)「流動資産」はさらに以下の3つに分類されます。

①**当座資産**……現金、預金、短期保有目的の有価証券、売掛金・受取手形などの売上債権で構成され、資金そのものと営業活動から発生する資産が該当します。よって流動資産の中でも短期に資金化が可能な資産であると言えます。

貸借対照表 ― その2 資産

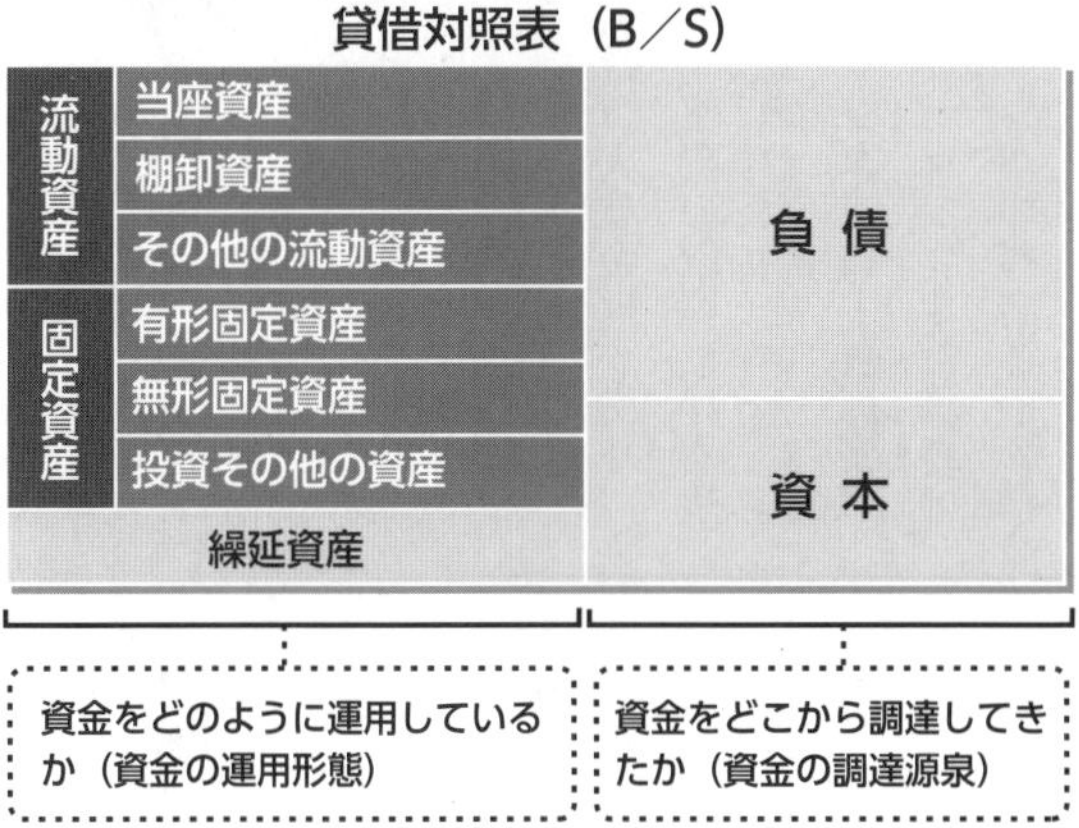

②**棚卸資産**……営業活動における販売用の商品・製品などの在庫のことです。

③**その他の流動資産**……1年以内に費用化または現金化される前払費用などのことです。

(3)「固定資産」は、1年以内に費用化または現金化されない資産のことを言います。「固定資産」は建物、土地など具体的な形のある有形固定資産、特許権や営業権など具体的な形がない無形固定資産、長期貸付金や子会社株式など長期にわたって保有する資産である投資その他の資産、に分類されます。

「繰延資産」は、費用ですが、その支出の効果が複数年にわたって期待されるので、**支出時に一気に費用化せず一時的に資産として計上するのが認められた費用**です。

3-4 キャッシュフロー計算書（Cashflow Statement）

もう1つ重要な財務諸表として、キャッシュフロー計算書があります。

【利益とキャッシュの違い】

損益計算書が示す**利益**は、会計処理の選択や会計事実の認識時点において、判断において**主観性が入る余地**があり、表面上の利益を操作できる可能性があります。一方、キャッシュは、実際の取引に伴う現金および現金同等物の増減であり、実物資産の増減に**主観性の入る余地がない**という意味で、企業実態を正確に反映できるものだと言えます。

【キャッシュフロー計算書】

キャッシュフロー計算書は、企業の一定期間の現金・預金等の流れを表します。すなわちキャッシュの残高とその増減プロセスを、以下の3つの区分において表します。

①**営業キャッシュフロー**……営業活動において、キャッシュが、どのように、どれだけ増

キャッシュフロー計算書

キャッシュフロー計算書

Ⅰ．営業キャッシュフロー		
	純利益	3,000
	+）減価償却費	500
	−）棚卸資産の増加	△400
営業活動によるキャッシュフロー		3,100
Ⅱ．投資キャッシュフロー		
	−）固定資産の取得による支出	△3,000
	−）有価証券の取得による支出	△2,500
投資活動によるキャッシュフロー		△5,500
Ⅲ．財務キャッシュフロー		
	+）長期借入金の増加	3,800
	−）短期借入金の返済	△400
財務活動によるキャッシュフロー		3,400
Ⅳ．現金および預金の増減		1,000
Ⅴ．現金および預金の期首残高		2,600
Ⅵ．現金および預金の期末残高		3,600

減したかを表しています。これは企業存続の基盤であり、プラスであることが要求されます。

②**投資キャッシュフロー**……投資活動において、どのように、どれだけキャッシュが増減したかを表しています。ここでは、営業活動で得たキャッシュフローをどのような、そしてどれだけ将来の利益獲得のための投資に充てられているかが重要です。

③**財務キャッシュフロー**……財務活動において、どのように、どれだけキャッシュが増減したかを表しています。端的に言えば、営業キャッシュフローで稼いだ資金を投資キャッシュフローにおいて投資に回し、残りの帳尻合わせをここで行うと言えます。

第4節　財務分析

4-1 収益性分析①　資本利益率

会社の収益性（収益獲得能力）と流動性（支払能力）を阻害する財務上の問題点の明確化など、損益計算書や貸借対照表などの財務諸表を様々な観点から分析することにより、会社の経営成績や財政状態の良否を判断することができます。

【収益性分析の総合指標　資本利益率】

資本利益率は、企業が投下した資本に対していかに効率よく利益を上げたかを表す、収益性分析の総合的な指標です。企業規模に関係なくその効率性が示され、「**資本利益率＝利益÷資本**」という算式によって求められます。主要なものには以下の2種類があります。

①総資本利益率（ROA：Return on Assets）

企業の運用資金全体である総資本（＝総資産）を使用して、どれだけの利益を生むことができたかを表す指標です。この場合、分子の利益は、投下資金全体の収益性を見る目的

収益性分析 －その１ 資本利益率

資本利益率 ＝ 利益 ／ 資本
投下資本に対していかに効率よく利益をあげたか

総資本利益率（ROA）＝ 経常利益 ／ 総資本
会社が運営している資本全体に対していかに効率よく利益をあげたか

自己資本利益率（ROE）＝ 当期利益 ／ 自己資本
株主が拠出した資本に対していかに効率よく利益を上げたか

から、「企業経営活動全般としての儲け」を示す経常利益が使われます。

②自己資本利益率（ROE：Return on Equity）

株主の拠出した自己資本に対してどれだけの利益を生むことができたかを表す指標です。この場合、分子の利益は、株主に配当可能な利益として税引後の正味利益である当期利益が使用されます。ただし、有利子負債の比率を高めれば、ROEは高くなるなど万能ではありません。代わりにROIC（Return on Invested Capital）が活用されることも多いです。

*Invested Capital= 投下資本（有利子負債＋株主資本）

4-2 収益性分析② 資本利益率の分解

【資本利益率の分解】

前述の**資本利益率**は、図のように算式を分解することができ、①**売上高利益率**と②**資本回転率**との掛け算になります。したがって、資本利益率を高めるということは、①**一定の売上高に対しいかに多く利益を獲得するか**（売上高利益率の向上）と、②**一定の資本に対して、いかに売上高を多くするか**（資本回転率の向上）を意味します。

①売上高利益率

■**売上高対売上総利益率**……利益率の高い製品を売上げているかどうかを示しています。すなわち市場における自社製品の競争力を表します。

■**売上高対営業利益率**……本業の利益率が高いかどうかを示します。この比率が低く売上総利益率に問題がなければ、販管費に原因があり、詳細を分析します。

収益性分析 - その2　資本利益率の分解

分解すると

$$資本利益率 = \frac{利益}{資本} = \frac{利益}{売上高} \times \frac{売上高}{資本}$$

売上高利益率 × 資本回転率

■売上高対経常利益率……財務活動を含めた企業全体の利益率が高いかどうかを示します。この比率が低く、売上総利益率、営業利益率に問題がなければ、支払利息等の営業外費用項目を詳細分析することになります。

②資本回転率

１年間に、資本に対して売上高が何回転したかを表し、資産の利用効率を示します。総合的には、**総資本回転率（売上高÷総資本）**で見ますが、分解して、**売上債権回転率（売上高÷売上債権）**、**棚卸資産回転率（売上高÷棚卸資産）**、**固定資産回転率（売上高÷固定資産）**等を分析し、各々の資産利用効率が分析できます。

4-3 安全性分析

安全性分析は、企業の財務安定性、つまり企業が倒産する危険性はどの程度あるのかといった可能性を分析するもので、⑴**短期の支払能力の分析**、⑵**資金調達・運用の妥当性の分析**、⑶**資本構成の分析**、の3つに分類されます。

⑴短期の支払能力の分析

①**流動比率（流動資産÷流動負債）**……短期に資金が回収される流動資産と短期に支払が発生する流動負債との割合を示したもので、200％以上が理想ですが、少なくとも120％以上必要であると言われています（業種等により異なります）。

②**当座比率（当座資産÷流動負債）**……流動比率よりも厳しく見る指標で、流動資産の中でも短期に回収される現金・預金、有価証券、受取手形、売掛金などの当座資産と流動負債の割合を示したもので、100％を超えることが望ましいと言われています。

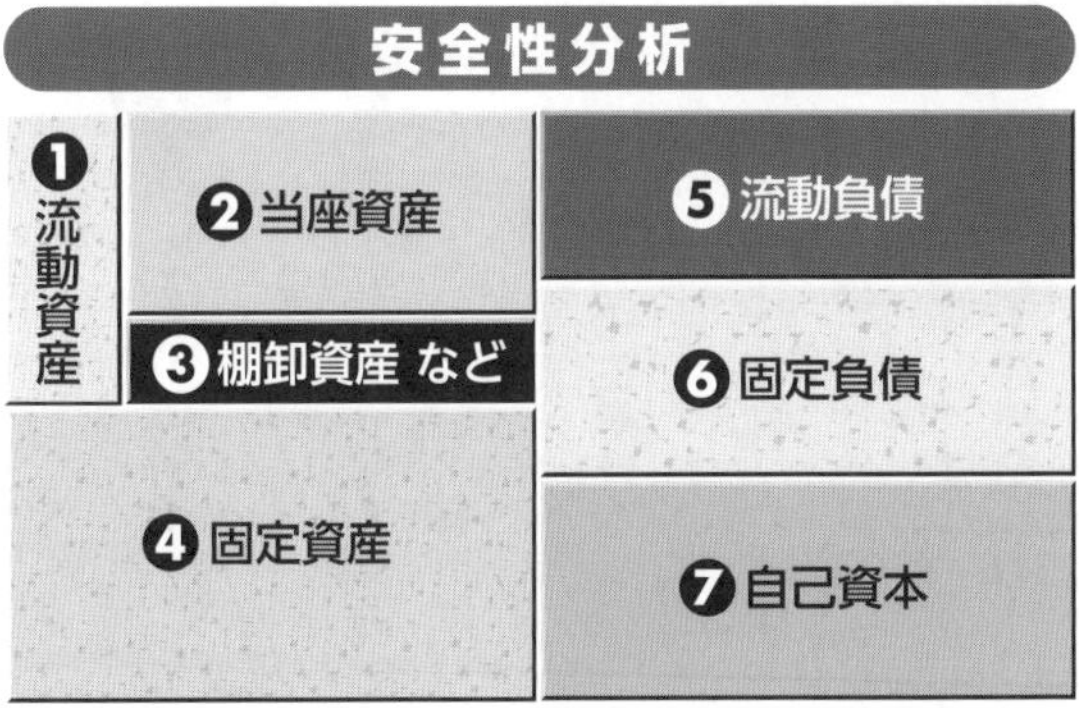

流動比率 ＝ ❶／❺　　固定長期適合率 ＝ ❹／(❻＋❼)

当座比率 ＝ ❷／❺　　自己資本比率 ＝ ❼／(❶＋❹)

(2) 資金調達・運用の妥当性の分析

固定長期適合率（固定資産÷自己資本＋固定負債）……固定資産に投資した資金は、長期にわたって回収されるため、その資金を短期負債で賄うと資金を圧迫します。この比率は、固定資産が、自己資本と長期にわたり返済する固定負債によってどの程度賄われているかを示しており、70％程度が適当と言われています。また、この算式の分子を自己資本だけに限定した比率を固定比率と言い、100％以下が理想であると言われています。

(3) 資本構成の分析

自己資本比率（自己資本÷総資本）……総資本に対する自己資本の割合を示したものです。30％程度が必要であると言われています。

4-4 生産性分析

生産性分析とは、投入に対する算出の効率を分析することを言います。投入とは、労働や資本のことを言い、算出には、付加価値が使われます。付加価値とは、企業が企業活動において自ら創造した価値のことを言います。

【人（労働）の生産性】　算式　労働生産性＝付加価値÷従業員数

労働投入に対し、どの程度の付加価値を算出しているかを見るのが労働生産性で、付加価値を従業員数で割って計算するため、従業員1人あたり付加価値額を指しています。

前述の労働生産性の算式**（付加価値÷従業員数）**を分解すると、以下のようになります。

＝①付加価値率**（付加価値額÷売上高）×②従業員1人あたり売上高（売上高÷従業員数）**

よって、労働生産性を高めるには、①付加価値の高い製品を創り上げ、付加価値率を高めること、②従業員1人あたりの売上高を高めること、が条件であることがわかります。

生産性分析

分解すると

労働生産性（従業員一人あたり付加価値額）＝ $\frac{\text{付加価値}}{\text{従業員数}}$ ＝ $\frac{\text{付加価値}}{\text{売上高}}$ × $\frac{\text{売上高}}{\text{従業員数}}$

＝ 付加価値率 × 従業員一人あたり売上高

労働分配率 ＝ $\frac{\text{人件費}}{\text{付加価値}}$ … 成果配分の妥当性を検討

資本生産性 ＝ $\frac{\text{付加価値}}{\text{資本}}$ … 分母を総資本、有形固定資産設備資産などとして資本投資効率を分析

【労働分配率】

算式　労働分配率＝人件費÷付加価値額

また、付加価値の分配（人件費、金利、配当、税金などに分配される）において一番多額になるのは人件費ですが、その分配の妥当性を測る指標として労働分配率があります。

この比率を同業他社や自社の過去の数値と比較し、成果配分の妥当性が分析ができます。

【資本の生産性】　算式　付加価値÷資本

資本投入に対し、どの程度の付加価値が算出されているのかをみるものです。詳しくは分母の資本を総資本、有形固定資産、設備資産などとして、各々の資本投資効率を分析することができます。

第5節　管理会計

5-1 損益分岐点分析①　損益分岐点の概要

損益分岐点とは、企業の損益がゼロとなるところ、すなわち赤字から黒字へ変わる峠のことを言います。つまり、費用発生の前提を、売上高に応じて発生する**変動費**と、売上高には応じず固定的に発生する**固定費**に分類し、変動費と固定費のすべてを回収し採算ベースに乗る**採算点**のことを言います。

たとえば、独立によって経営関連の無料冊子出版事業を開始したとします。事務所の家賃が月40万円、PC及び出版（DTP）、インターネット環境のリース代が月10万円、従業員の給料が50万円、その他の経費が40万円かかるため、この事務所の固定費は合計で月額140万円となります。フリーペーパーのため、収益は広告料で、広告枠の営業代理店に30%の売上げコミッションを提供すると、この30%が本事業の変動費になります。営業日を月に20日として、1日の平均売上が①8万円、②10万円、③12万円の場合、それぞれ

損益分岐点-その1　損益分岐点の概要

損益分岐点　設例の図解

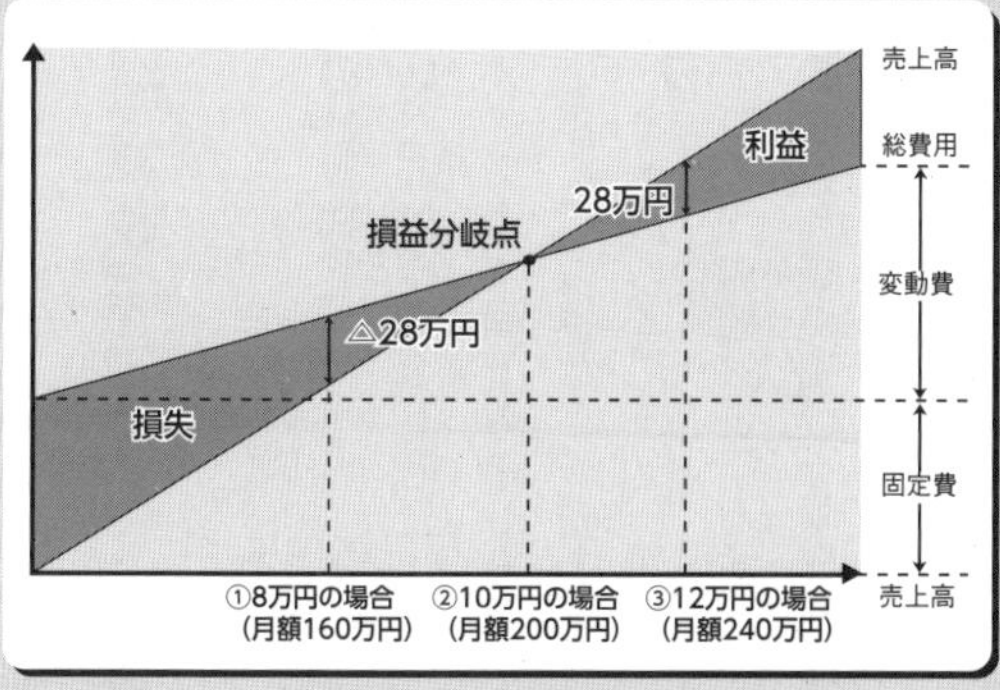

損益はどうなるでしょうか。

①8万円の場合　売上高8万円×20日＝160万円、固定費140万円、変動費160万円×30％＝48万円　∴売上高－変動費－固定費＝△28万円（損失）

②10万円の場合　売上高10万円×20日＝200万円、固定費140万円、変動費200万円×30％＝60万円　∴売上高－変動費－固定費＝0円（損益ゼロ）

③12万円の場合　売上高12万円×20日＝240万円、固定費140万円、変動費240万円×30％＝72万円　∴売上高－変動費－固定費＝28万円（利益）

設例では②10万円の場合における**200万円が損益分岐点における売上高**となります。

5-2 損益分岐点分析② 損益分岐点の計算式とその活用

【損益分岐点の計算式】

前述の設例では、広告枠を1万円売れば、代理店への販売手数料としての変動費3000円がかかります。よって残りの7000円を蓄えていって、固定費の140万円を支払わなければなりません。このとき、売上から変動費を差引いた7000円を**限界利益**（**売上高－変動費**）と言います。広告枠を売るごとに手元に残る限界利益が蓄積され140万円になったとき、給料、店舗家賃などすべての経費を賄うことができます。また売上高1万円の中に占める限界利益の割合を**限界利益率**（**限界利益÷売上高**）と言います。

なお、損益分岐点とは、損益がゼロの状態、すなわち「**限界利益＝固定費**」になるということですので、前記の限界利益率の算式の限界利益を固定費に置き換えると、「**限界利益率＝固定費÷売上高**」となり、さらに展開すると、「**損益分岐点売上高＝固定費÷限界**

損益分岐点-その2　損益分岐点の計算式とその活用

公式による損益分岐点

限界利益 ＝ 売上高 － 変動費

限界利益率 ＝ $\dfrac{\text{限界利益}}{\text{売上高}}$

損益分岐点売上高 ＝ $\dfrac{\text{固定費}}{\text{限界利益率}}$

目標利益達成のための必要売上高 ＝ $\dfrac{\text{固定費＋目標利益}}{\text{限界利益率}}$

利益率」となります。

【利益計画への活用】

損益分岐点分析によって、売上高、費用、利益の因果関係が明確になるので、採算性の検討のほか、将来の利益計画にも活用できます。たとえば、固定費500万円、限界利益率40％の企業が、1000万円の利益目標を掲げている場合の必要売上高を算出します。

損益分岐点売上高は、固定費500万円÷限界利益率40％＝1250万円となります。目標売上達成のための必要売上高は、（固定費500万円＋目標利益1000万円）÷限界利益率40％＝3750万円となります。算式は、「**（固定費＋目標利益）÷限界利益率**」となります。

5-3 原価計算

【原価計算の必要性】

原価構造の把握は、事業の収益性を評価する上で必要であり、経営戦略上非常に重要なコンセプトの1つであると言えます。

【原価計算の順序】

原価計算の順序は、①**要素別（費目別）計算**→②**部門別計算**→③**製品別計算**の順序で進みます。要素別（費目別）計算は、原価を材料費、労務費、経費など費目別に計算すること、**部門別計算**は、たとえば工場別に原価を計算すること、そして**製品別計算**は、各部門の製品の種類ごとに原価を計算することを言います。これで製品ごとの売値に対する原価が把握でき、採算性を評価することができます。ただし、原価を製品別にどのように割当てるかという問題があります。原材料費などの直接製造部門の原価は使用した分だけ製品

原価計算

直接原価計算による損益計算書

	売上高	100,000
−）	変動費	60,000
	限界利益	40,000
−）	固定費	25,000
	利　益	15,000

損益構造が明確になり、採算性の把握や利益管理に役立つ

に割り当て、間接部門のコストは、売上高等一定の基準で配分（配賦《はいふ》）を行います。

【全部原価計算と直接原価計算】

全部原価計算とは、変動費と固定費を区分することなく、製品原価に算入する原価計算です。これは総合的な原価管理ができる点でメリットがありますが、**固定費が含まれることによって、生産量の増減に伴って、製品単位あたりの原価が増減してしまう**というデメリットがあります。一方、**直接原価計算**は、変動費と固定費を区分して変動費のみを製品原価に算入する原価計算です。この方法では**製品単位あたりの原価は一定になるため、損益構造が明確になり、業績管理等意思決定に役立つ情報が提供でき**ることになります。

5-4 ABCとABM

【ABC（活動基準原価計算　Activity Based Costing）】

ABCは、間接費の正確な原価計算を行うことを目的として、アメリカで登場しました。ABCとは、ヒトや機械などの経営資源から生じるコストを、購買・生産・販売などの活動単位（アクティビティ）に割り当て、**活動単位ごとに集計されたコストを製品・サービスに集計を行う原価計算方法**のことです。従来の原価計算は、要素別に集計されたコストを部門ごとに割り当て、売上や人数、売り場面積等を基準として製品・サービスへ配分が行われるのに対し、ABCは付加価値を生み出す価値プロセスである**活動単位ごとにコストを把握**します。これにより正確な製品原価が把握でき、間接費の費用対効果が把握できるようになり、その結果余分なコストを削減することができるようになります。また、ABCにより得られるコスト情報は、顧客別採算管理、ビジネス・プロセス・リエンジニア

ABC／ABM

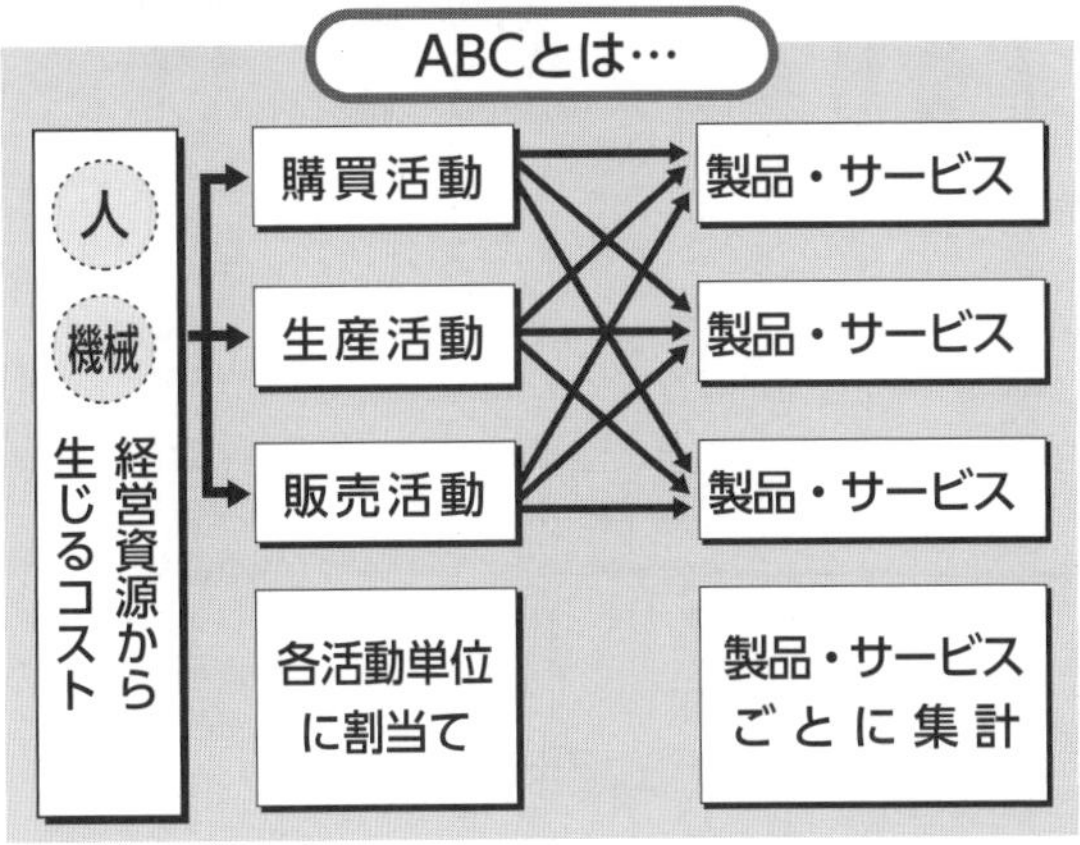

リングなどにも役立てることが可能です。

【ABM（活動基準経営管理　Activity Based Management)】

ABMとは、ABCを活用してマネジメントを行うことで、アクティビティの管理・改善を行う手法をいいます。ABCにより、アクティビティが定義され、そのコストと大きさが把握できますが、これだけでは活動のどこに改善余地があるのかを見つけることはできません。それを判断するには、**企業の経営戦略、競合企業、顧客ターゲット、ターゲットのニーズ**など**各種の経営情報が必要**となります。ABCからの情報とこれら各種の経営情報とを加えて、業務改善を行っていきます。

5-5 分権組織の管理会計

【分権組織】

企業は成長するにしたがい、**集権組織**から**分権組織**に移行します。分権組織には、まず職能別組織があります。**職能別組織**は経理部、営業部などの経営職能別に組織され、専門性を追求します。しかし、規模の拡大に伴い事業が多角化してくると、セクショナリズムなどが問題となりました。そこで登場したのが**事業部制**です。**事業部制**とは生産、販売、経理など事業運営に必要なすべての機能を各事業部が持つ組織のことです。事業部は製品別、地域別などで分けられ、それぞれが利益責任を持ちます。

【分権組織の会計】

管理責任者の業績を測定するために、各事業部における損益計算書を作成します。まず売上高から変動費を差引き、限界利益を算出します。そして、固定費のうち管理責任者が

分権組織の管理会計

事業部制における損益計算書

	○○事業部	××事業部	全社損益
売上高	30,000	50,000	80,000
−）変動費	10,000	20,000	30,000
限界利益	20,000	30,000	50,000
−）事業部固定費	8,000	12,000	20,000
貢献利益	12,000	18,000	30,000
本社共通費			23,000
純利益			7,000

管理可能である事業部固定費を差引き、**貢献利益**を算出します。管理責任者はこの貢献利益について全面的責任を負うことになります。また、トップマネジメントは、貢献利益から本社共通費を差引き、最終利益を求め、意思決定に活かします。

【カンパニー制】

カンパニー制とは、事業部を社内分社化して、事業部制よりも厳格に**独立採算制を採用する分権組織**です。カンパニー制では損益計算書に加え、B／Sまでも業績評価対象になります。管理責任者は投資の権限も与えられるので、投資利益率が評価基準になります。

COLUMN

アカウンティング
ＩＦＲＳによる会計基準の大変革

アカウンティングの世界では、かつてないほどの大きな変化が起きつつあります。

それは、日本では2010年3月期より任意適用が始まった**国際財務報告基準（ＩＦＲＳ）への対応**です。ＩＦＲＳの内容は日々変化しており、完全に固まることはありませんが、現在共有している内容だけでも大きな前提の変化と言えるルール変更を日本の上場企業は余儀なくされています。ＩＦＲＳによる変化の主なポイントは以下の3点です。

（1）原則主義　～細則主義と会計不祥事～

細かなルールを作っても、抜け穴やグレーゾーン上で出し抜こうとするインセンティブが働きます。原則のみを提示し、最終的には「**企業の判断に任せることで抜け駆けのリスクとリターンを個々に判断をさせるべき**」との前提により、細かい規則で会計上の基準を決める「**細則主義**」でなく、大きな原則のみ提示し、あとの判断はすべて「会社の責任に委ねる」というのが「**原則主義**」です。ＩＦＲＳは明確に原則主義をとり、企業のこれまで以上の責任ある判断と行動を促しています。

（2）公正価値（≒時価会計）

－ＩＦＲＳで再三出てくるのが「**公正価値**（**フェアバリュー**）」という言葉です。つまり、「細かいことは問わないが、公正かどうかを証明できる価値で考えよ」というものです。

時価と乖離した簿価の価値を直す**時価会計**は、公正価値の概念の一側面とも言えますが、公正価値では時価で判断できないものも、代替手段を含め、可能な範囲で公正価値に近づける「努力」をすべきだ、というものです。時価で判断できないから、簿価のままで判断する、といった類の結論にすべきではない、としています。

（３）包括利益の採用＝資産負債重視

収益費用の関係から来る利益でなく、**純資産の増減を示す利益こそが会社の最終成績である**という考えの下、これまで損益計算書に計上されてこなかった**純資産価値の増減**、たとえば**為替換算調整勘定**、**繰延ヘッジ損益**、**売却可能有価証券にかかる評価差額**などが含まれてきます。

このように、これまでのルールそのものが変わる大きな変革であり、**財務経理担当のみならず、経営陣そのものが大きくかかわって会計処理の変更や事業活動の変更を推進していく必要**があります。

第4章
コーポレートファイナンス

企業財務（コーポレートファイナンス）は、経営の中で論理的に意思決定をするための1つのツールです。たとえば、企業買収（M&A）や設備投資を検討する際は、付き合いが長いからとか、割り引きを多くしてくれるからなどといった理由で実行を決定するわけではありません。その妥当性や採算性をシミュレートし、把握するために財務の考えを活用します。

本章では、「時間的価値の重要性を基軸として、投資決定やM&Aなどを睨んだ企業価値の評価など、将来へ向けたアクションの意思決定を行うまでのプロセスを検討します。

第1節では、企業活動の中での財務の役割、すなわち企業財務（Corporate Finance）の目的とその役割について説明されています。

第2節では、リスクや時間的価値といった投資の意思決定をするために必要な考え方や手法を、リアルオプションなどの新しい理論の紹介とともに考えていきます。

第3節では、WACCなど資金調達や資本政策を考える際に必要な手法を中心に、それにともなう資本構成や配当など、関連する領域を見ていきます。

第4節では、まとめとして、前節までで出てきた前提や手法を背景に、企業価値の算出について学びます。

第1節　企業財務の役割

1-1 企業活動とコーポレートファイナンス

【企業活動の目的】

企業活動の目的とは何でしょうか？　企業活動の目的は、株主に対して、配当やキャピタルゲインなどの経済的価値を創造することです。その究極的目標を達成するために、企業は「**企業価値**」を創造していかなければなりません。企業財務の目的は、まさにこの「**企業価値を向上させること**」なのです。

「企業価値」とは、「いかに企業活動を通し、利益を生み出すことができるか」ということです。つまり、調達したお金とそれにかかる経費よりも多くのリターン（利益）を生み出せれば、企業価値を向上させることができます。

【コーポレートファイナンスの役割】

では、具体的に企業価値を上げるためには、企業内の財務機能ではどういった意思決定

企業財務の役割

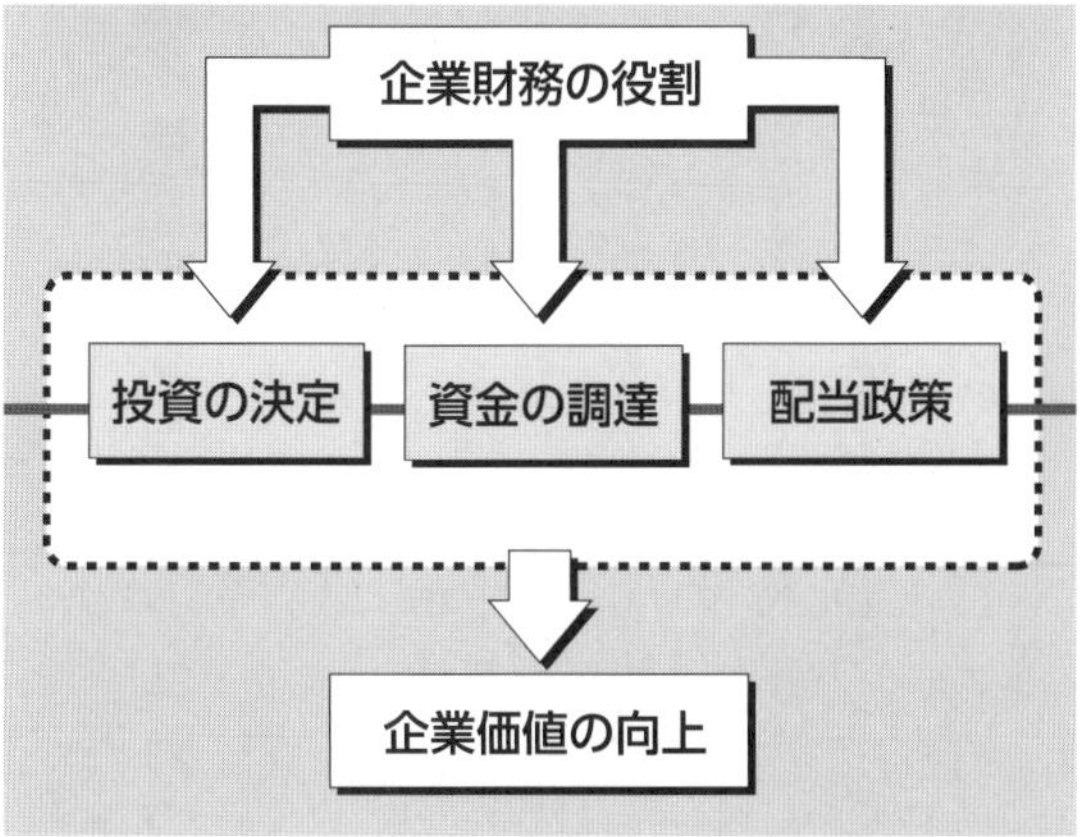

がなされるのでしょうか。企業価値を上げるための財務の役割としては、以下の3つが大きな柱となっています。

①「**投資の決定**」……いかに資本コスト（**企業価値を維持するために必要とされる収益率）を上回るようなリターンが得られる事業**に投資するか、といった投資に関する意思決定をする役割。

②「**資金の調達**」……資本コストを考慮し、「**負債**」と「**株主資本**」の**バランスをどうとるか**、といった資金調達の部分での意思決定をする役割。

③「**配当に関する政策**」……**どの程度利益を配当へまわすか**、もしくは内部留保させるかといった配当政策の意思決定をする役割。

第2節　投資の意思決定

2-1 時間的価値とディスカウントキャッシュフロー法

企業が実施する投資決定は、どのような基準で判断することができるのでしょうか。多くのケースで使われる**割引キャッシュフロー法（DCF法）**は、将来のキャッシュフローを現在の価値に戻すために、株主や債権者が期待する収益率（資本コストのこと）で割引いて、投資案件や資産の価値を測定します。また、**正味現在価値法（NPV法）**は、DCF法によって算出された投資案件の価値が実際に投資するのに値するのかどうかを判断するためのものです。すなわち、**将来のキャッシュフロー（投資後の現金収支）の現在価値から投資額を引いた正味現在価値がプラスかマイナスか**により、投資判断を行う方法です。

たとえば、今3億円を投資し、1年間で確実に3億1500万円になる投資案件があるとします。現在の金利が2％とすると、来年の3億1500万円は今年（今）の約3億880万円（＝3・15億円÷1・02）と同等の価値があるといえます。つまり、2％の

現在価値と将来価値

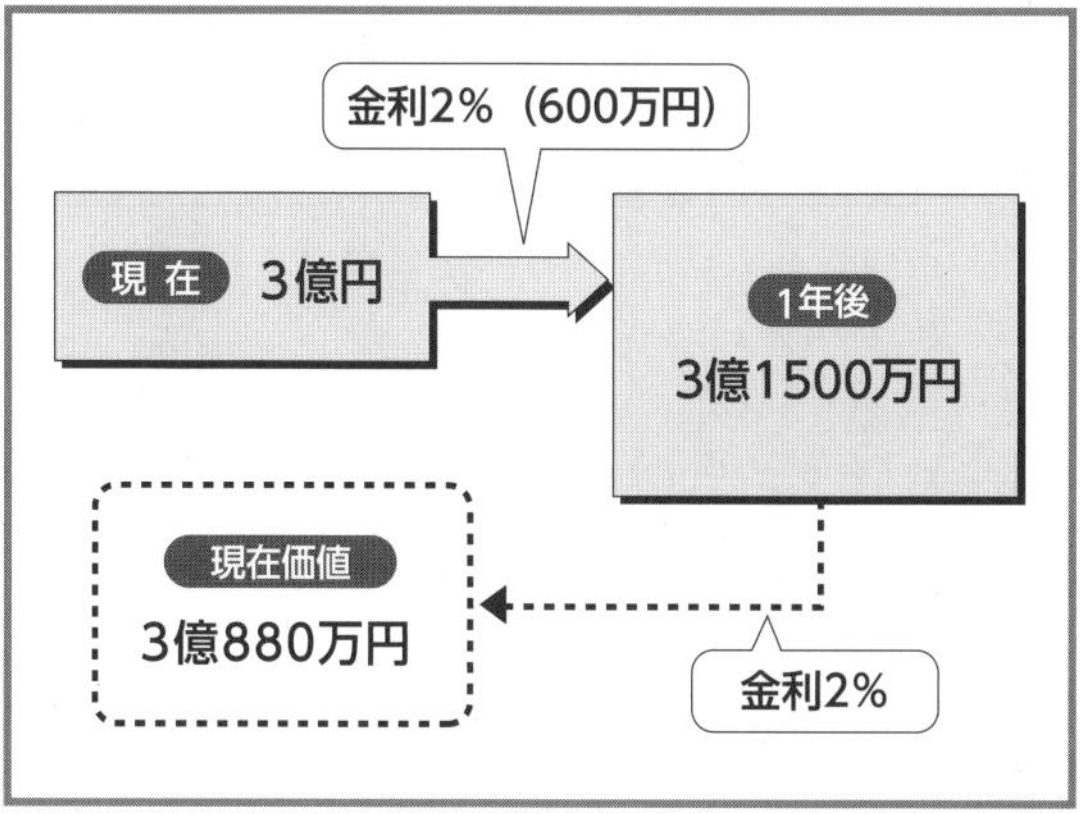

金利で約３億８８０万円を運用すると、来年には３億１５００万円となることから、この約３億８８０万円を来年の３億１５００万円の現在価値（ＰＶ）と言い、来年の３億１５００万円は現在の約３億８８０万円の将来価値（ＦＶ）と言います。ここで、投資予定額の３億円と、１年後の３億１５００万円の現在価値である３億８８０万円を比較すると、今回の投資案件に関する正味現在価値（ＮＰＶ）がプラス（３億８８０万円－３億円＝８８０万円∴ＮＰＶ＞０になっているため、今回は投資すべきである、という判断基準が導かれます。

2-2 投資評価の方法

NPVを含め、投資評価方法は様々な方法がありますが、決定する投資案件の前提条件（材料）の種類とタイプにより、どの評価方法を使用すべきか決定することができます。

以下の条件のときに投資決定を判断します。

(1)正味現在価値（NPV）法
《キャッシュフローの現在価値－初期投資額＞0》

(2)内部収益率（IRR：投資の現在価値がゼロとなる割引率）
《内部収益率＞期待収益率》

(3)収益性指標（Profitability Index：キャッシュフローの現在価値÷初期投資額）
《キャッシュフローの現在価値÷初期投資額＞1》

(4)割引回収期間（Discounted Payback Period：キャッシュフローの現在価値を使って

投資評価の方法

種類	計算	投資の判断基準
正味現在価値法（NPV法）	キャッシュフローの現在価値 － 初期投資額	NPV＞0なら投資
		NPV＜0なら投資せず
内部収益率（IRR）	計算は複雑、表計算ソフトの関数機能（IRR）を活用して算出するのが現実的	IRR＞期待する収益率なら投資
		IRR＜期待する収益率なら投資せず
収益性指標（PI）	キャッシュフローの現在価値 ／ 初期投資額	PI＞1なら投資
		PI＜1なら投資せず
割引回収期間法	キャッシュフローの現在価値の累積額が投資額を回収する期間を求める	回収期間＜目標回収期間なら投資
		回収期間＞目標回収期間なら投資せず

投資金額を何年で回収できるかを示す数字）
《割引回収期間＜目標回収期間》

たとえば、ある一定期間の事業におけるキャッシュフローの大きさだけでなく、実際にキャッシュフローを生み出す「タイミング」も考慮しながら意思決定をする必要がある場合、**正味現在価値、内部収益率、収益性指標**のいずれかが検討されることになります。また、**数あるプロジェクトの中から最適解を選択する場合、内部収益率、収益性指標は適さない**ため、NPVでの決定が最も適しているなど、投資決定方法はいかなる場合でも適応できる唯一の方程式が存在しないため、複数検討した上で決定することと、状況に応じて優先順位を付ける必要があります。

2-3 投資のリスク

投資の意思決定を行うには、将来の予想に基づいて計算をしていきますが、予想による数値に確実性がどれほどあるか、といった問題が非常に重要になります。このように投資にはある程度リスクがつきものですが、実際にその**リスク**は、どのように表現されるのでしょうか。一般に「リスク」というと、「危険」と捉える傾向がありますが、実際には**「変動の大きさ」**を指します。

また、その**リスク**のタイプもいくつかに分けることができます。たとえば、多くの投資家はリスクを低減させるため、金融資産や証券などを**いくつか組合わせて（＝ポートフォリオ）保有**しています。そのうち企業の株式であれば、全体としては株式市場に連動して動きますが、個別の株式を見ると、業種や個別の事情によって異なる動きがみられます。これが**市場リスク**と**個別リスク**の違いです。

リスクとは？

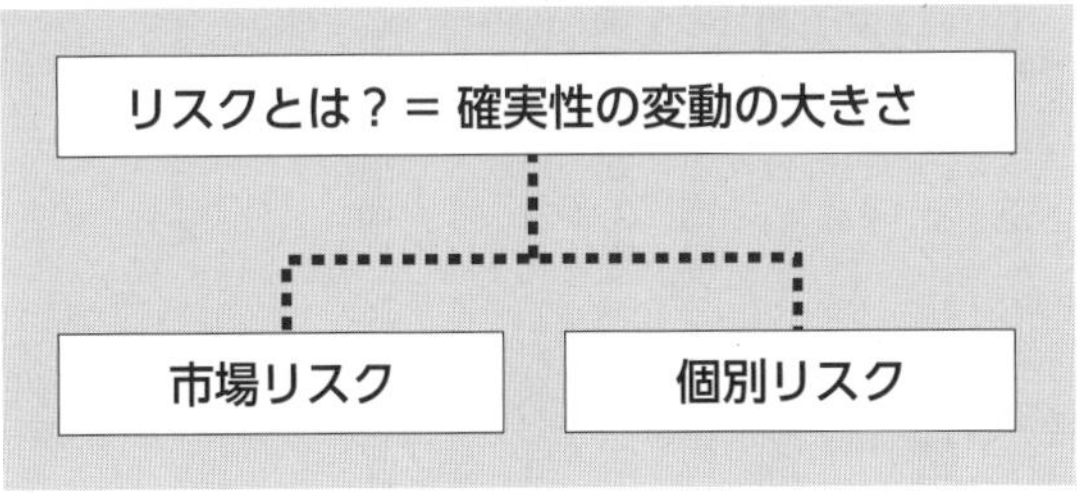

市場リスクは、金利など経済全体に関連した要因で株式市場と連動して起きる個別株式の動きのことです。市場リスクは通常避けることができません。一方、**個別リスク**は、株式市場とは関係のない独自の動きです。たとえば、ある電気メーカーの株を持っているとします。そのメーカーの生産ラインに欠陥があり、リコールによりすべての製品を市場から回収しなければならない場合、そのメーカー株が急落することが考えられます。これは個別リスクです。この場合、リスクを低減させるために、当該メーカーに対する投資のみでなく、他の投資案件と合わせることができます。これを**分散投資**と言います。

2-4 ベータ

ところで、**市場リスク**はどのように表されるでしょうか。リスク指標の**β（ベータ）**は、市場の変動に対する株価の感応度を言い、個別株式（あるいはポートフォリオ）が証券市場全体の動きに対して**どの程度敏感に反応して変動するか**を示す数値です。

β＝個別株式の変動÷株式市場全体の変動

会社の株価と市場全体の株価の動きとの相関関係がある前述の**ベータ値（β）**は、企業ごとに過去の株価と市場の動きのトレンドから統計的に算出され、一般に直近5年間のデータが用いられます。

たとえば、ある銘柄の**β値が1・5ということは、市場全体が10％上昇するとその銘柄は15％上昇し、逆に市場全体が10％下落するとその銘柄は15％下落すること**を意味します。

株価が市場全体とまったく同じ動きをすればβは「1」、ＩＴ産業など**業績の変動が激**

しい業種ではβは「1」を超え、株価の動きも安定している電力など**安定業種では「1」未満**になります。したがって、βは市場全体が上昇すると判断する提合は、β値の高い銘柄に投資したり、ポートフォリオ全体のβ値を「1」として市場全体と連動させるなどの運用を行う際の銘柄選択に用いられます。

　日経平均を例にとると、以下の通りです。

1．日経平均－10％上昇　A銘柄－15％上昇
A銘柄のベータ値＝1・5

2．日経平均－10％上昇　B銘柄－10％上昇
B銘柄のベータ値＝1・0

ベータ値

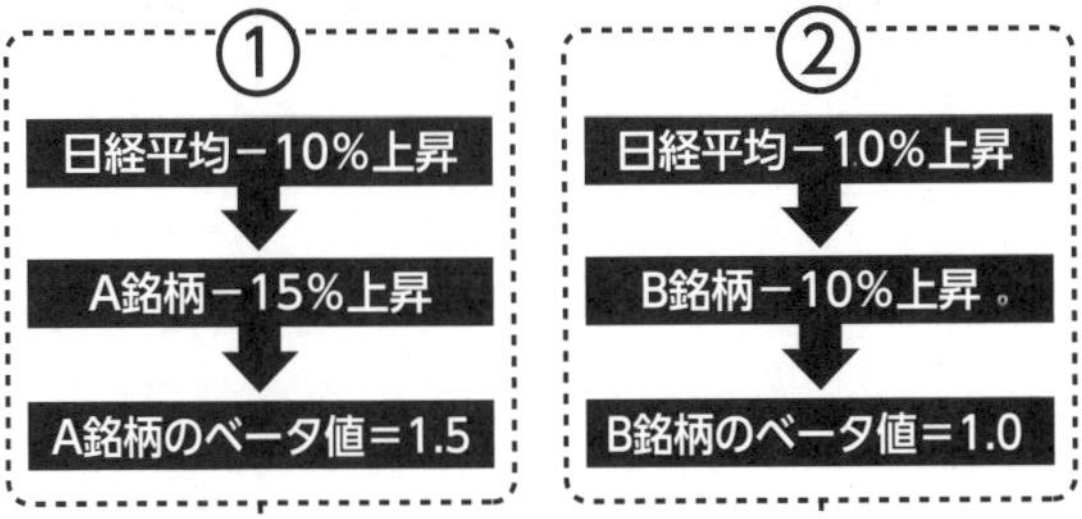

β＞1	市場の動きより大きい
0＜β＜1	市場の動きより小さい
β＜0（マイナス）	市場と反対の動き

2-5 新たな投資評価方法 ～リアルオプション～

オプションとは、「あらかじめ定められた満期日までに、あらかじめ決められた価格で、行動を起こすことができる権利」のことです。ポイントは、義務ではなく権利であるというところにあります。権利の取得により、状況に応じて柔軟な行動をすることができます。

リアルオプションは、金融工学におけるオプション理論を実物資産やプロジェクトの評価に適応したものです。不確実性が高いプロジェクトにおいて、前述したNPV法ではNPV＜0となるケースが多く、「投資は行わない」という判断がなされます。しかし、**段階的な投資等が行える場合、リアルオプションでは、将来の投資に対する柔軟性の価値を評価するため、数値がプラスになり、「投資を行う」という判断ができる場合があります。**

たとえば、新規事業において初年度に1億円の投資が必要で、2年目に事業拡大のため、30億円の投資が必要だとします。この提合、初年度に1億円を投資し、事業に参入してお

リアルオプション

延期オプション	プロジェクトの開始を延期できる権利
中止オプション	プロジェクトを途中で中止することができる権利
縮小オプション	一部を売却し、プロジェクトを縮小することができる権利
拡張オプション	投資額を増額してプロジェクトを拡張できる権利
延長オプション	プロジェクト期間を延長する権利
スイッチング・オプション	製造プラントを休止後に再稼動させるなど柔軟に切り替えができる権利

出所：トム・コープランド、ウラジミール・アンティカロフ「決定版　リアルオプション」東洋経済新報社、2002 年を参考に作成

けば、経営者は2年目の市場動向が明確になった時点で、市場動向が好転していれば、30億円の追加投資を行って、本格的に参入することができ、一方、市場動向が悪化している場合には、追加投資を行わず撤退すれば初期投資額1億円の損失だけで済ませることができます。この例のような投資に対する**フレキシビリティーの価値が、NPVでは反映されず、リアルオプションでは反映されます。**実際の経営では、経営者は柔軟性を考慮に入れ意思決定を行っているため、NPVよりリアルオプションのほうが現実に即しているとも言えます。

なお、トム・コープランドは、リアルオプションを上記の図のように分類しています。

第3節　資金調達と資本政策

3-1 資本コスト（WACC：加重平均資本コスト）

投資を考える際、もう1つ必要な要素が**資本コスト**です。資本コストとは、資金の調達レートを指します。裏返せば、株主や債権者などの資金提供者が期待している利回りのことで、「**期待収益率**」とも言えます。具体的には、資金の調達は負債と資本によることから、両者の調達レートの加重平均をとり、左記算式で求められます。これをWACC（Weighted Average Cost of Capital：ワック）と言います。なお、**DCF法における資本コストもWACCが使用**されます。

このWACC**のポイントは、「トレードオフ」**にあります。つまり、資本コストの大きさだけを考えれば、リスクマネーとして配当等により、金融機関からの借入れコスト（「負債コスト*」）よりも高くなる「株主資本コスト」を最小化して有利子負債を最大化すればよいのですが、借入れ依存は、一方で経済環境や自社運営の失敗等経営成績の悪化

加重平均資本コストの算式

$$WACC = D/(D+E) \times I(1-t) + E/(D+E) \times Re$$

D：長期有利子負債の時価
E：株主資本の時価
I：利子率
t：法人税率
Re：株主資本の資本コスト

による貸し渋りや貸しはがしといったリスクを増大化します。つまり、経営判断として、**「資本コストの効率性」と「資金の継続性のリスク」を天秤に図った上での判断**が必要になるのです。

なお、投資家は時価で社債や株式を取引しているため、加重平均に用いる負債や資本は**時価ベースの数字**を用います。また、短期の負債である流動負債は運転資本を支えるためのもので、設備などのキャッシュを生み出す資産に充てられるものではないため、式の中には含まれません。ただし、日本においては短期の借入金を借換える慣行があるので、これらの借入は実質長期の負債として扱います。

3-2 資本構成による影響（MMの法則）

前項（WACC）で見てきた**負債と株主資本の比率（資本構成）**が与える企業価値や株価への影響を考えてみましょう。まず、完全で効率的な金融市場（完全資本市場）を前提に理論的な結果を導き出し、その後、法人税や倒産の可能性といった現実的な要因を検討した上での結果を見ていきます。

完全資本市場において、①コストなしに自由に取引でき、②情報がコストなしに入手でき、さらに③取引しても価格に影響を与えない条件で、④法人税がないといった状況では、資本構成を変えても株主や債権者に帰属するキャッシュフロー合計額は変化しないため、企業価値や株価は変化しません。たとえば、家庭用のパソコンを家族の誰かが買う際、貯金（資本：Equity）で買っても、ローン（負債）で買っても、両方の組み合わせで買ってもパソコンの価値はパソコンそのものから来るのであり、パソコンそのものの価値は変

MM理論

MM理論：資本構成は価値に影響を与えない

↓

MM理論の前提：完全資本市場において

↓

現実：完全資本市場ではない

↓

結論：返済が確実にでき、資金繰りに困らない資本構成で決める

わらない、ということです。これがモジリアニ＆ミラー（ＭＭ）の法則です。

一方、理論的な世界と違い、現実の世界では債務不履行や倒産可能性、といったことから**企業価値が低下する負債のリスクがあること**、**また負債利子は税控除の対象となり、法人税による節税効果により企業価値を高めることになる**ことなどから、ＷＡＣＣ同様両者のバランスをコントロールし、最適な資本構成を決定する必要があるとされています。

しかし、最適解を求め、実行させることは困難です。現実的には「**返済が安全確実にできる範囲**」、及び「**資金繰りに行き詰まらない**」といった２つのポイントを前提に同業他社を参考にして実施されることになります。

3-3 配当政策

企業と金融・資本市場に関する摩擦のない**完全資本市場の前提の下では、配当を支払うことの必要性を証明するのは非常に困難**です。むしろ、この問題は、「**望ましい配当政策**」や「**最適な配当政策**」はどのようなものか、ということになります。

前項同様に、完全な資本市場においては、多くの配当を支払うことも、配当を支払わずに内部留保として企業に残しておくことも「**株主資本＝総資産－負債**」といった前提の下では、株主にとっての企業価値は影響を与えない、ということが証明されています。

つまり、完全資本市場を前提にすると、企業の配当政策は株価に影響を与えないという結論になりますが、現実の世界では、**税制**、**投資家の嗜好**（**顧客効果**）、**情報効果**などによって配当が株価に影響を与える可能性があります。したがって、企業は財務政策の一環として配当政策をしっかりと決定し、投資家に開示する必要があります。

「配当率」と「配当性向」

■配当率：額面金額に対する1株あたりの配当金の割合

$$配当率(\%) = \frac{1株あたり配当金}{額面金額}$$

■配当性向：当期（純）利益に対する配当金の割合

$$配当性向(\%) = \frac{配当金額}{当期純利益}$$

これまで、日本では、株主割当による額面発行増資が一般的であったため、配当についで論じる際は株式額面に対していくらの配当金が支払われるかを表す**配当率**が一般的に用いられました。また、**配当率の安定性**（経営成果の変動にかかわらず一株あたりの配当金を低位で安定的に支払うこと）が重視されてきました。しかし、今日では時価発行増資が主流となり、収益性などに関する企業評価でも時価が重要視されているため、**配当率の持つ意味合いは薄れています**。日本においても税引後当期純利益のうち配当へ分配される割合を表す**配当性向の重要性が増して**おり、株主に対する利益還元策としての配当政策を投資家に開示する必要があります。

第4節　企業価値

4-1 DCFによる企業価値の計算と注意点

企業価値の重要性はどのようなところで認識されるのでしょうか。経営者にとってみれば「企業価値の向上＝経営そのもの」ですから、常に認識すべき問題ですが、その他、グローバル化をはじめ、国内外問わず企業間の競争が激化すると企業のM＆Aが広がり、企業価値の数的算出のニーズと直接結び付きます。

企業評価には様々な手法・アプローチがあります。その中で、M＆Aなどの際に広く採用され、また理論的裏づけも持っているのが、前述の**DCF法による企業評価**です。具体的には、まずDCF法を使用して、**将来のキャッシュフローの現在価値を算出した後、事業外資産の処分価格を加え、有利子負債を引いた買収先の企業価値を算出**します。そして、正味現在価値（NPV）を算出し、買収投資の判断を行います。

この際、**現実的注意点**として以下の点が挙げられます。

DCF法による企業価値算出プロセス

1. 財務予測をもとに将来のフリーキャッシュフローを予測
2. それを資本コストで割引き、現在価値を算出
3. 事業外資産(遊休資産)の処分価値を見積って加算
4. 有利子負債を控除

■非公開企業では資本コストが計算できない

非公開企業の場合、β値がないので直接的に資本コストを計算できません。詳細は割愛しますが、こうしたケースでは、公開している**同業他社のβ値を基準に**して、その会社と自社との資本構成の違いによる修正を加え、β値を推定します。

■将来に対する予測に依存するので、人によって評価額が大きく相違する

これは、評価全般に通じる問題です。完全予測は無理にしても、**最善の見積り（Best Knowledge）**に向けて努力をしたり、業績の見積りを複数用意して**感応度分析**を行うなど、企業評価を点ではなく線形として、ある幅の中で推計していくのです。

4-2 企業価値の算出オプション（EVAとMVA）

ＤＣＦ以外の企業価値の算出方法として、ＥＶＡとＭＶＡという考え方を見てみます。

【経済付加価値（EVA：Economic Value Added)】

ＥＶＡは、企業の価値創造の評価基準として、財務会計ベースの利益ではなく、経済的利益を計測する尺度です。

通常の会計的利益は、売上高から、原材料費、経費、人件費、減価償却費、支払金利等の費用と税金を引いて計算されますが、経済的利益は、売上高から、資本コストに相当する利益額である資本費用も差引きます。企業は、会計的利益ではなく、あくまで経済的利益を上げることで、初めて価値を創造したといえるのです。

【市場付加価値（MVA：Market Value Added)】

一方、市場付加価値（ＭＶＡ）は、企業の市場価値（株式と負債の時価総額の合計）か

企業価値（EVA, MVA）の計算式

EVA ＝税引後営業利益－資本費用（必要収益額）
＝税引後営業利益－（投下資本×加重平均資本コスト）

市場付加価値（MVA） ＝企業の市場価値－投下資本

ら投下資本額を差引いた額です。

効率的な株式市場の下では、企業の市場価値は、企業が将来生み出すフリー・キャッシュフローを加重平均資本コストで割引いた現在価値の推計値になります。MVAは企業の市場価値から投下資本額を差引いたものなので、企業全体の投資活動の正味現在価値について、**株式市場が推計した値を示していると**考えられます。したがって、年々のMVAの変化を見れば、**企業が事業活動によって市場価値をどれだけ高めたか**という株式市場における評価を知ることができます。

COLUMN

コーポレートファイナンス

企業価値算出の前提となる計画の確からしさ

再生中だった「**カネボウ**」の株式評価や、「**かんぽの宿**」の売却時の価格など、これまでいくつかメディアでも話題となった大きなイベントの多くで「**企業価値**」が焦点となりました。そして、その企業価値のベースには、必ず**将来生み出すキャッシュフローに基づくディスカウントキャッシュフロー（DCF）法による算出**が出てきます。

将来生み出すキャッシュフローをベースにするということは、**純資産価値などの「事実」ではなく、「予測（計画）」を基にした企業価値の算定を行う**ということであり、当然恣意性や不確実性を排除することは難しいと言わざるを得ません。

そこで必ず重要視されることは、**計画の「蓋然性（がいぜんせい）」**の確認です。**蓋然性**とは、「大辞林 第二版」によると、「**事象が実現されるか否か、またはその知識の確実性の度合、確からしさ**」とあります。つまり、計画上はバラ色でも「それが実現可能かどうか？」という側面でチェックを行うことが重要になります。

そして、チェックの方法として挙げられるのは、計画の**裏づけとなるサポート資料**の確認です。たとえば、売上予測の確からしさを確認するために、**予測に含まれた顧客名と製品の内訳、**

COLUMN

価格、数量と過去の予実管理の趨勢をチェック（これまでの予算と実績の乖離が大きくないか？）したり、特に大きく依存する売上げに関しては**顧客企業からのリファレンス**（照会）、**または営業プロセス上の受発注に関する具体的なメールのやり取り、議事録等**を準備したりすることです。

費用に関しても、積み上げで**どの経費をどれくらい、どのようにして、いつから削減するのか？　それは確実に実現可能か？**　といった資料が必要となるでしょう。

ポイントは**評価側の視点で計画を読む**ということです。おそらく大抵は「**ツッコミどころが満載だ！**」と感じるはずです。だからこそ、そこから自分たちが考える「具体的」なレベルではなく、「**超具体的**」**なレベル**まで裏づけ資料を準備するという意識で挑むことが重要なのです。

「サポート資料が何もないが、何とかする自信はあります！」では、自社に対する信頼を失うことになりかねません。たとえ、明確な裏づけがなくても、次善策として「**どのような代替資料があれば計画の確からしさをサポートできるのか？**」を考え、ゼロベースで準備を行うなど、評価者の視点で「**確からしさ**」**を担保する情報を準備する**ことが重要です。

第5章

人的資源と組織行動

企業の中では、個人（自分ひとり）だけで完結するような仕事は、一部の例外を除いてほとんど存在しません。社内はもちろん、顧客や競合、提携先や取引先など、それぞれが有機的に結び付いて、企業経営の中の機能は動いています。

人的資源管理（または人的資本）と組織行動学など、人と組織についてはしばしばビジネススクールでも個別に学習されますが、他の機能と同様、それぞれの関連性を明確に結び付けて理解を促すため、本章では「人と組織」といった統合した形でストーリー性を重視したわかりやすい説明を心がけました。

第1節では、人と組織にまつわる様々な利害関係者（Stakeholder）と企業経営の各機能との結び付きを全体像として理解し、いかに人とその集合体としての組織が企業経営の基礎であり、他の機能を動かし、意思決定に結び付けているかを学びます。

第2節では企業の魂と言える組織文化について、その形成プロセスと特性について検討します。

第3節では、組織形態の様々なパターンについて学び、企業の事業や企業文化に合わせて自社の組織形態をどのように構築するべきか、その特徴について検討します。

第4節では、個と組織を動かすモチベーションについて検討し、代表的な2つの理論を学びます。また、モチベーションを実際に向上するためのツールとして、インセンティブを学びます。

第5節では、組織を率いるリーダーシップと、組織内で影響の強い様々な権力(Power)についての関連性を検討します。

第6節では、今までのことを踏まえ、それぞれの理論や仕組みを企業の中でどう体系的に組入れていき、「人事システム」を構築していくべきかを検討します。

第1節　経営と組織・人

1-1 組織・人事とステークホルダー

組織は様々な内部・外部環境と相互に作用を及ぼし合いながら、企業経営の重要なシステムの1つとして機能しています。つまり、単に組織を構成する内部の個人や集団のみを議論の対象にするのではなく、数多くの多様な**ステークホルダー（利害関係者）**に影響を及ぼす諸要因にどのように適応し、存続と成長を図るかが最も重要な命題となっています。

組織は経営諸資源を効果的に組合わせ、アウトプットを生み出し、さらに新たな諸資源を生み出すシステムであるため、**様々な利害関係者を考慮しながら企業の事業活動を組み立てていく経営戦略論と密接不可分の関係**にあります。伝統的に独立した強力な人事部門を持つ多くの日本企業では、一括採用、教育から配置、評価、報酬制度の運用といった**機能だけがクローズアップされがち**ですが、人及びその集まりである組織はあくまで会社の全社戦略を実行する最も重要な核であるため、戦略の立案から実行まで人的資源管理戦略

組織経営システムと利害関係者

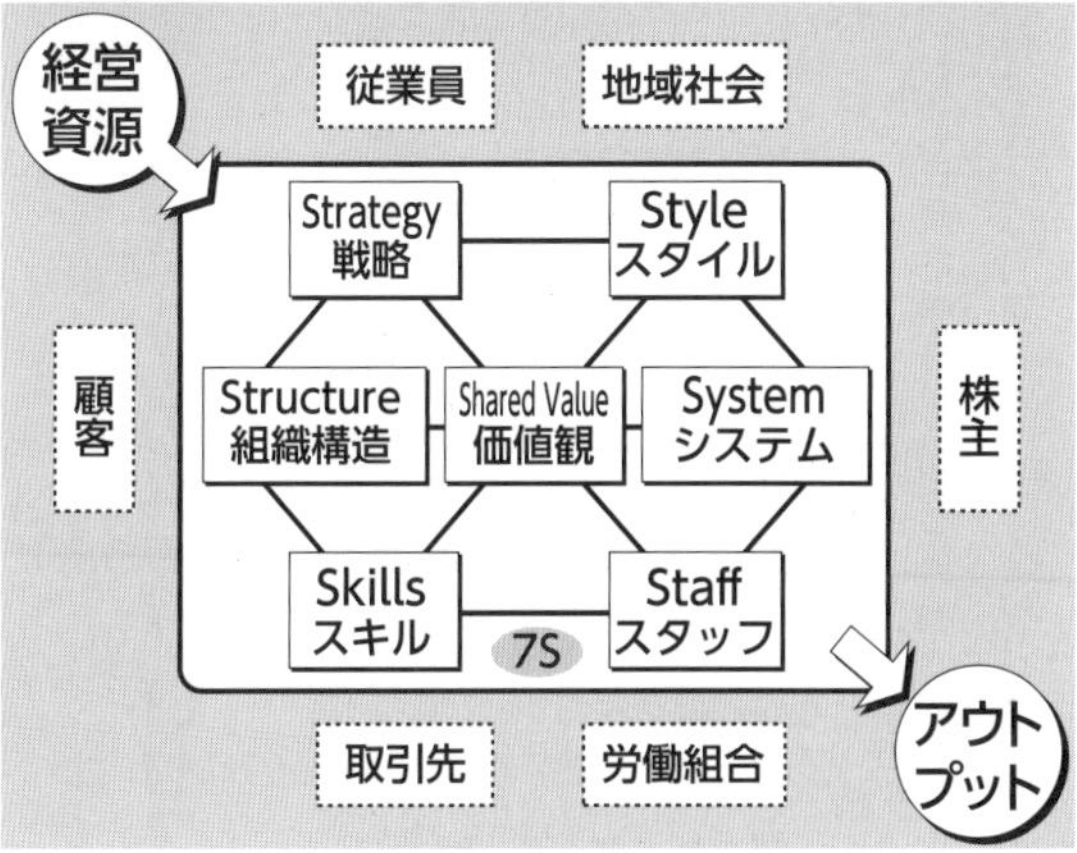

が主体的に役割を果たす必要があります。

図中の□で囲まれた7つの要素（7S：戦略、スタイル、組織構造、価値観、システム、スキル、スタッフ）は企業の中の相互作用の働きを表しています。組織とは、単なる構造だけではなく、**戦略**や**文化**（共有された価値観）、**システム**、**メンバーのスキル**などが多元的に適合することによって、その成果を生み出していることが確認できます。つまり、組織運営に際し、組織の「**共有された（されるべき）価値観**」を中心に、各要素が整合性の取れる形で構成される必要があり、1つでも正反対の要素があれば「**お題目だけの経営理念**」**やそれによる**「**従業員の冷めたモチベーション**」を導いてしまいかねません。

第2節　組織の形成と変革

2-1 組織文化の形成プロセスと特性

前述のように相互作用のある組織・経営システムでは、何が出発点となりシステムの柱となるのでしょうか。それは創業者の価値観やリーダーシップ、成功・失敗体験など、組織の歴史を映し出す**組織文化**です。

一般的には組織文化は**社是**や**社訓**といった形で、創業者の**理念**や**哲学**を伝達します。また理念や哲学は、会社の経営方針を貫く柱として、**人を選抜する際の基準**になり、また、**新たに採用するスタッフの基準**となります。時間とともにそれらのメンバーが将来の組織と戦略的意思決定を担う管理者となり、新たに組織に参加するメンバーに対し、朝礼や入社式に代表される儀式や教育訓練、武勇伝、象徴的なシンボル、組織独自の言語などの、公式、非公式な行動パターンを浸透させるなど、**継続的なフロー**が形作られます。その結果として、徐々にその組織独自の文化が形成され、維持、強化されていくことになります。

組織文化形成のプロセス

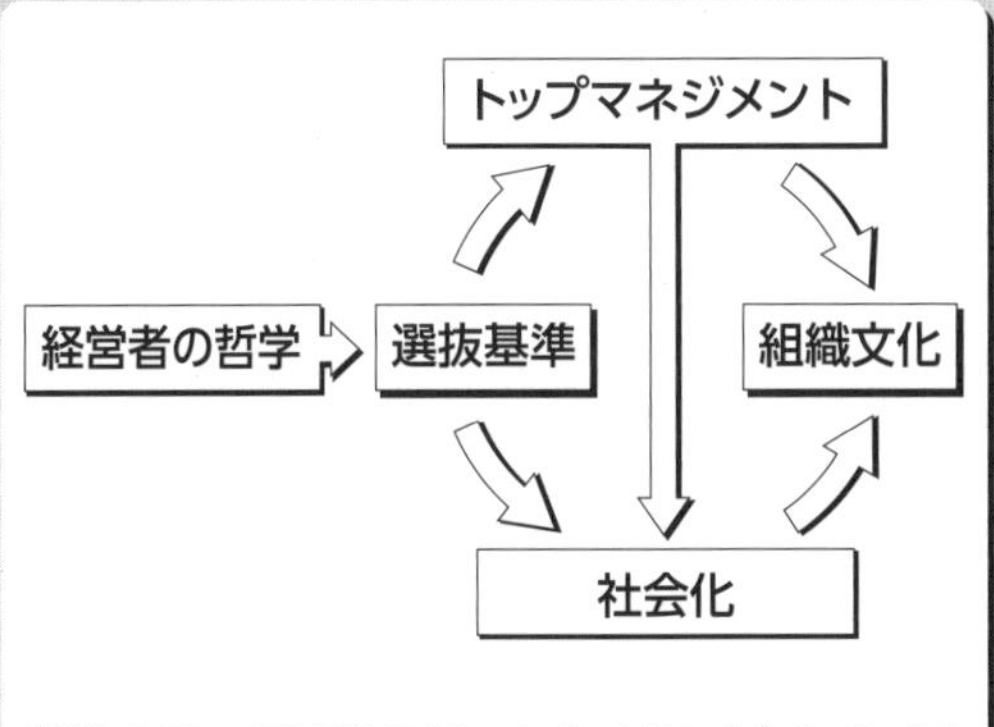

（出所）Robbins, S.P.（1993）, "Organizational Behavior", Prentice-Hall.

組織文化の特性としては、その**硬直性**が挙げられます。**形成された組織文化を変えていくことは、その文化が強力であればあるほど困難**であるという事実もあります。たとえば、組織文化がメンバーに深く浸透すると、「組織＝社会」という狭い世界観に凝り固まってしまうケースもありえるのです。

このような組織文化に影響を与えるためには、**ビジョン**のような長期的な目標と同時に、前述の共有する価値観や、その価値観に基づいた具体的な**行動指針**などを明示し、どの程度のレベルでどの様な行動が求められるかをメンバーが判断できるような内部的な組織作りが必要になります。

2-2 組織変革のプロセス

では、その硬直性のある組織文化を変えるには、どうすればよいでしょうか。**レヴィン(Lewin,K.)**によると、組織のような有機的なシステムには変化を促進しようとする推進力とそれを抑制しようとする**抑制力**が作用しており、これらの**均衡が崩れた場合に、新しい均衡状態を求めて変革が行われるという「場の理論(field theory)」**を展開しています。これらを説明するため、変革のプロセスを「解凍→変革→再凍結」の三段階に分けて考えています。

①**解凍**……組織のメンバーに**変革の必要性を認識させ**、心理的抵抗を小さくする段階
②**変革**……解凍によって動機づけられた方向に向けて実際に**変革を実行する**段階
③**再凍結**……混沌とした状態を安定的かつ整合的な状態に**収束させる**段階(新しく生まれた均衡状態を定着)

組織変革のステップ

企業変革ステップ（レヴィン）	企業変革の８段階（コッター）	概要	
1．解凍（認識）	1．従業員の認識徹底	実行する現場の全従業員に変わる必要性を認識させる	市場分析、競争分析、自社分析
	2．マネジメント層のコミットメント	マネジメント層にも重要性の理解と実行支援を促す	トップマネジメントが参画する変革グループを結成
2．移行（実行）	3．ビジョンの作成	変革プログラムの方向性を示すビジョンとそのための戦略を策定	ビジョン、戦略の策定
	4．ビジョンの伝達	ビジョン、戦略の組織への浸透を促す	推進チームの実績を元にした行動様式
	5・ビジョン実現のサポート	社員のビジョン実現へのサポート	問題点の排除（制度等を含む課題）
	6．短期的成果へ向けた計画・実行	業績改善計画と効果測定による組織モチベーション向上	計画の策定、結果の報告、表彰制度
3．再凍結（定着）	7．成果の定着と更なる変革の実現	ビジョン、戦略と合わない課題の排除と改善	新たな制度に基づく運営
	8・新たなアプローチの定着	新たな行動様式と成果の因果関係の明確化と制度化	具体的行動様式、リーダーシップ

実際にはあらゆる変化に対しては、**「抵抗（勢力）」**がつきものであり、その抵抗が変革への抑制力となります。組織的な抵抗としては、**政治的なパワー・バランスが崩れることへの脅威、既得権としての現在の資源配分が縮小されることへの脅威、現状が一番（前例主義を含む）という構造的、集団的な慣性**などがあります。これらの抵抗に打ち勝つためには、トップダウンによる**教育、社内コミュニケーションプロセスの改善、現場組織メンバーの意思決定過程への参加**などの合理的手段と、**交渉、強制といったパワーの行使を伴う政治的手段**があり、現実にはこれらが組み合わされて変革プロセスが実行に移されます。

第3節　組織形態

3-1 機能別組織

組織図の中には、以下のような重要な問題に関する決定事項が埋め込まれています。すなわち、**「人間にやる気を起こさせる動機づけとは何か」「どう職務領域を設定するか」「組織内において誰が何に関する決定権限を持つか」「どのようにして情報の伝達がなされるか」**等の決定事項です。また、組織形態を企画するためには、経営環境、成長ステージ、組織文化等も考慮する必要があります。

以下の項では、このような要因を検討した上で、3つの組織形態を説明します。

機能別組織

機能別組織は、開発、製造、販売といった経営機能ごとに組織編成した組織で、**機能ごとの専門性を高めるのに適した組織形態**となっています。

機能別組織には同じ仕事を担当するスタッフが1つの組織に集結するため、**スキルや知**

機能別組織

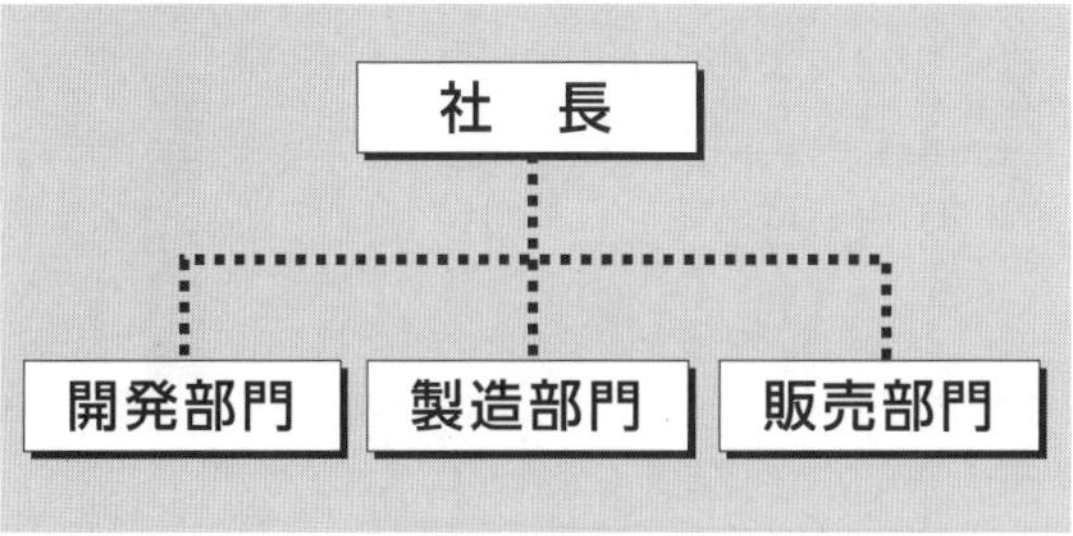

識の伝達・共有化がしやすく、専門性を高めやすく、効率性が追求できるというメリットがあります。

一方、**問題点**としては、組織の権限や責任が限定されており、専門的なものの見方に偏る傾向があります。そのため、**全社の利益最大化よりも、各組織の利益最大化を追求する傾向**があり、幅広い知識を持ったマネジャーが育ちにくく、組織間の紛争が起こりやすいことが指摘されています。その結果、最終的な意思決定がトップマネジメントに集中することが多くなり、**職能間の調整に手間取ったり、決定に時間を要する事態が起こります。**また責任の所在が不明確になるという欠点もあります。

3-2 事業部組織

企業が大きくなると、**本社が全事業の意思決定を行うのは非効率**であるため、組織をいくつかの事業部に分け、権限を委譲して運営します。事業部制とは、このように事業ごとに編成された組織（事業部）が本社の下に配置された組織形態を言います。

事業部組織は、組織が生み出すアウトプットに焦点を当てた組織形態で、製品、市場、顧客、地理的立地などを基準に決まります。この組織形態では分権化によって事業部長レベルでかなりの経営判断を行うことができるため、**意思決定が迅速化**されます。また同時に管理職が、早いうちから幅の広い意思決定に参加できることから、マネジメント・スキルを効率よく吸収することも可能で、事業部間の競争も活発になります。さらに、事業部組織は分権化されているため、**責任の所在が明確で、問題解決のためのアクションが早くとれる**というメリットもあります。

事業部組織

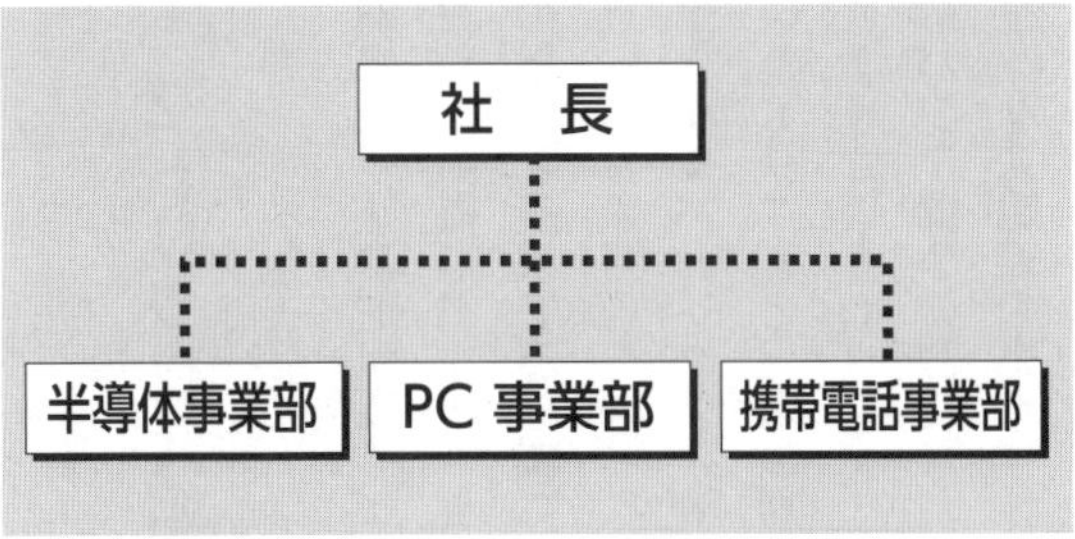

実際、事業部制を採用する際には、次の事項について検討しなければなりません。

①**どのような基準で事業をくくるか**（商品別、地域別、あるいは顧客別の組織とするのか）。②**事業部の意思決定と全社戦略との整合性をいかに保つか**（経営資源の抱え込みや事業部間の協調の欠如などの問題点をどのように解決するか）。

一方、事業部制の問題点としては、各事業部が経営機能を重複して持つため、①**経営資源面での無駄が生じる**、組織の壁により、②**事業部をまたがる新商品、新サービスが生まれにくくなる**、短期の利益志向が強まり、③**中長期的な施策が打たれにくくなる**といった点が指摘されています。

3-3 マトリックス組織

機能別組織、事業別組織など、異なる組織形態の利点を同時に達成しようとする組織形態で、複数の組織形態を組み合わせたのが**マトリックス組織**です。

【複数の目的を追求する組織】

これは、複数の目標を同時に追求するために考え出された組織形態と言え、**機能と製品の二軸からなるマトリックス組織**であれば、機能別組織の持つ**機能ごとの専門性の向上・蓄積というメリットと、製品別組織の持つ環境適応性・顧客適応性というメリットを同時に達成**しようというわけです。一方、**間接費の増大、二元的命令系統による混乱、マネジャー間のパワー闘争の激化**など解決の極めて困難な固有の問題が内包されています。

【マトリックス組織の応用】

しかしながら、この問題点の対処法も多くのケースで実践されています。たとえば、現

マトリックス組織

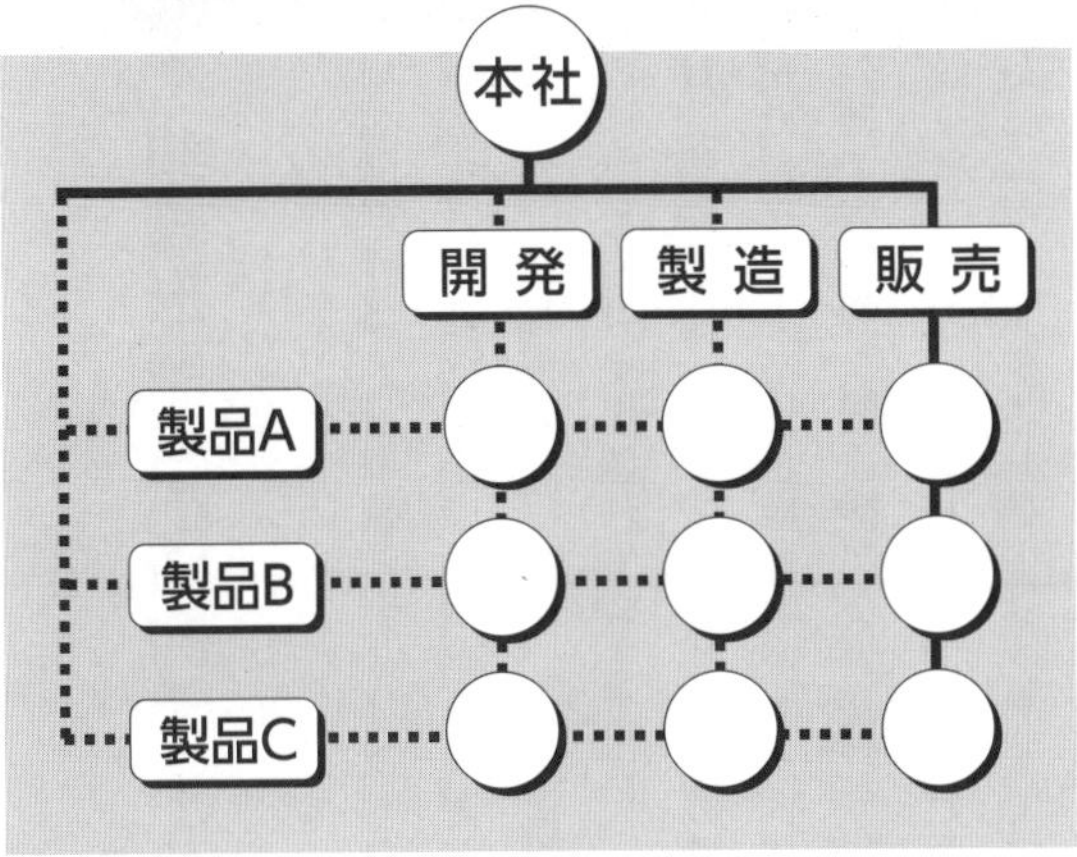

実的には責任・権限がまったく同レベルの2人の上司がいるという純粋なマトリックス型組織ではなく、**どちらかの上司により大きな責任・権限を与えた組織形態**が活用されています。たとえば、**機能別組織をベースとしながらも、製品担当のマネージャーに各機能間のコーディネートをさせる形態**や、**製品別組織をベースとしながら、機能別の調整役に製品間の調整を行わせる形態**がそれにあたります。

また、プロジェクト単位の**タスクフォース（またはSBU）**などを通し、マトリックス組織ではなく、マトリックス**文化**や**行動**を促す諸策に配慮する方法も実践されるケースも多くなっています。

3-4 組織形態と横断的チーム（戦略事業単位：SBU）

固有の組織形態は**メリット**と**デメリット**を持っており、自社の業務と組織に合った最適な組織形態を考える際、1つの明確な答えが出ないケースが多く見られます。そのため、前述のように、組織形態ではなく、応用機能として現在の組織形態と柔軟に融合できる**SBU**といった形も考え出されています。

SBU（Strategic Business Unit）は**戦略的事業単位**と呼ばれ、既存の事業部門を戦略軸から新たにグループ化したものです。SBUは、企業の中に数多くある事業部において、これらの間で戦略的な関連性がないという問題点を解決するために、ボストン・コンサルティング・グループ（BCG）が関発した戦略策定のための組織区分です。1970年代前半にGE（ゼネラルエレクトリック）での導入を手始めに、各企業へと普及し、日本においても東芝、東レなどの大手企業で導入されています。通常の管理組織がマネジメント

SBUの設定に関する基準

❶明確な使命(ミッション)を持つ
❷事業単位毎に独自の競合相手の想定が可能である
❸責任ある経営管理者を持つ
❹一定の経営資源のコントロールが可能である
❺単独での戦略的計画の策定が可能である

機能の確立を目的としているのに対し、**SBUは組織のリーダーシップ機能の発揮を目的**としているということができます。

実際に設定されるSBUは、企業によってその形態は様々であり、単一の製品群あるいはブランドのみで設定される場合もあれば、複数の事業部から構成される場合もあります。

重要なことは、**同一の事業特性を有する製品・事業を全社的な戦略的意思決定を目的とした組織単位として再設定し、実態把握〜戦略策定〜業績評価までのサイクルを継続的に運営する**ことにあります。

第4節　モチベーションとインセンティブ

4-1 モチベーション理論

組織文化と、自社の事業形態にあった組織形態だけでは、組織を構成する個人を動かすことはできません。まず組織のゴールと個人のゴールを一致させる必要があります。そのために必要な**モチベーション（動機づけ）に関する理論**は、**「動機づけの内容」について考える内容理論と、「動機づけのプロセス」を重視する過程理論**とに分けられます。内容理論として有名なのが、マズローの欲求段階説です。

【マズローの欲求段階説】

たとえば、マズローは、人間の欲求を**生理的欲求、安全の欲求、帰属の欲求、尊重の欲求、自己実現の欲求の5段階**に分類しました。これらは**低次の欲求を満たさなければ上の欲求へ移らない**、とされています。

一方、なぜ欲求が生まれ、どのようなプロセスで行動するのかを説明するのがモチベー

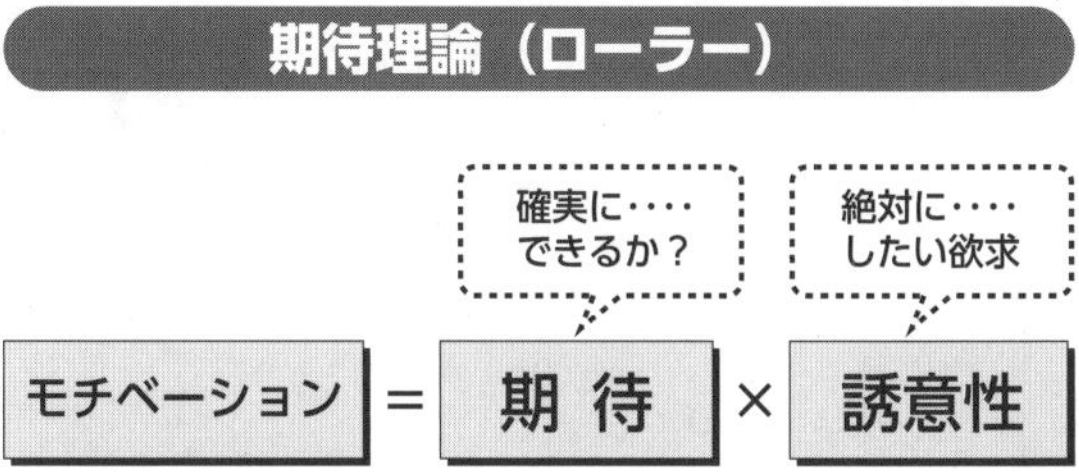

ションの過程理論であり、ローラーによる期待理論が代表的です。

【ローラーによる期待理論】

期待理論では「**モチベーション＝期待×誘意性**」という公式で示されます。つまり、努力により何らかの報酬をもたらすであろうという期待と、その報酬自体の主観的な価値の大きさによって、人はより努力する、と考えられています。

実際の企業内では、会社は役割、昇進、休暇、友人、自己実現など従業員が高い誘意性を感じているものと、役割遂行能力に結びつけることによって、やる気を喚起させています。

4-2 インセンティブ

同じ組織文化の下における同じメンバーでも、インセンティブの違いにより、モチベーションの高さは異なってきます。**インセンティブとは、人や組織に特定の行動を促す動機づけの機能**のことです。また、インセンティブは、通常の給与・賞与以外に、社員の業績に応じて与える報酬、価値観の共有、昇進などの評価など、短期・長期、または金銭的・非金銭的インセンティブがあります。このうち、企業で実行される現実的な**金銭的インセンティブ**を考えてみます。**金銭的インセンティブ制度**には、短期のものと長期のものがあります。従来は、歩合や、報奨金、業績反映型賞与（ボーナス）制度、決算賞与制度など、比較的短期間の成績に対して支払われるものが主流となっていましたが、最近では、従来より存在する退職金や企業年金に加え、ストックオプション制度など、有効的な**長期インセンティブ制度が再認識**されつつあります。

金銭的インセンティブの例

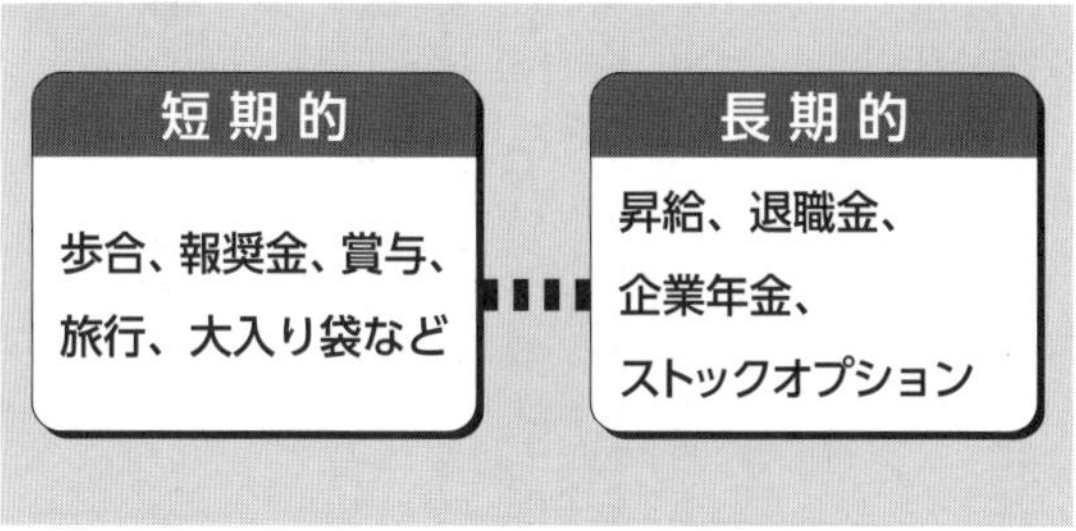

一方、導入時に重要なことは、企業が社員に対してインセンティブを用意する提合、それが**企業の目指す方向と一致しているかどうか**を確認することです。たとえば、**取引先のルートセールス担当に対し、短期的な業績を基準とするインセンティブだけを与えることは、目先の売上獲得を促してしまうおそれがあります**。また、個人に大きく偏ったインセンティブは、**他の従業員とのチームワークが必要な業務においては**激しい社内競争を生み、組織を分断させることにもつながるため、個人のインセンティブと組織のインセンティブといった2つのバランスを考えるなど、企業の事業形態、中長期的な利益、そして社員の行動をマッチさせることが必要となります。

第5節　リーダーシップ

5-1 リーダーシップとは

モチベーションとインセンティブでは、いかに組織と個人の方向性を合わせ、個の集まりである組織の力を最大化させるかについて考えてきましたが、実際にこれらの指針を作り企業を率いていくのが**リーダー**です。リーダーに必要な**リーダーシップとは、社員に与えられた権限の有無にかかわらず、ある目的を達成するための行動を引き出す能力**のことを言います。つまり、形式的な権限だけではなく、情報・知識、必要な諸資源を集められるインフォーマルなネットワーク、及び対人関係の構築力の強さ等が求められます。

一方、**唯一最適なリーダーシップスタイルというものは存在しません**。状況に応じて、望ましいリーダーシップのスタイルは異なる、ということです。つまり、リーダーシップについて組織内で考える際に重要なのは、リーダーたる人物には何が必要か、というリーダー個人の普遍的なスキルや資質だけでなく、組織や他メンバー構成を検討し、**組織文化**

GEが求めるリーダーの条件

- リーダーとしての明確なビジョンを持つ
- 情熱を持ち、結果を出す
- 部下をリーダーとして育成する
- 常に変革する
- スピードをもって業務に取り組む
- チームワークを大事にする
- 企業倫理を遵守する
- 高い品質を追求する

に適合した「リーダーシップ」の形を考える必要がある、と言われています。

【リーダーの育成】

では、「リーダーシップ」をどのように育成したらよいのでしょうか。リーダーシップを現場で発揮している人の姿を身近で観察し、その人が起こす変化の体験を共有化する以外、リーダーシップの本質を伝える方法はありません。世界的な優良企業であるGE（ゼネラルエレクトリック）は、リーダー育成プログラムの中で、GEが求めるリーダーの条件を明確に定義しており、それは日常の仕事において望まれるマネジメントスタイルから導かれています。

5-2 パワー

リーダーはその組織形態に合ったリーダーシップの条件の下、組織を引っ張り、そして変革をしていきますが、そのリーダーシップの源泉の1つとして、**パワー**というものがあります。パワーは、相対的地位から来る権力、知識・報酬を与えることができる能力、恐怖心を与えることができる力、皆に尊敬される力、などが挙げられますが、このパワーは組織内、グループ内に分布しています。ただし、リーダーがすべてのパワーを支配しているわけではありません。たとえば、**リーダーよりメンバーのほうがある業務の専門知識が高ければ、その人にパワーがあることが認識される**ことになります。

一方、各人が自分の目標を達成するためにだけパワーを用いるようになってしまっては、それは**政治行動**につながり、組織やグループにとって好ましくないことが起こりえます。パワーがうまくメンバー間に分布されると、いわゆる全員参加型のグループ運営も可能と

4つのパワー

1 賞罰 年収や出世に影響を及ぼす力を持つ人が他者に権力を行使できるもの	**2 正当化** 個別の損得勘定でない納得性からくる権力。「社長命令なので当然」など
3 同一化 心理的に一心同体（＝同一化）となることで発生する権力「この人のためだったら残業してもかまわない」など	**4 情報** 専門的な知識や優れた情報を持っていることを基盤とした権力

なります。こういったプロセスは、パワーを握っている人間がパワーを分け与える「**エンパワーメント**」という行為によって達成されます。ただし、全員参加型の**運営能力がないメンバーにエンパワーすることは、そのままチームにとってリスクに変わります**。また目標が共有されていることも大変重要です。

特定のリーダーを設けない、自律型チーム運営に関する研究が発達したのも、こういった歴史的背景が関係しています。このような研究の流れを見ると、リーダーシップというのは、単にリーダーをどう育てるか、といった問題ではなく、リーダーの役割、メンバーの役割、その他の環境、すべてを考慮する必要性があることを認識できます。

第6節　人事システム

6-1 業績評価システム

いかにリーダーが、組織と個人の目標を一致させ、モチベーションを高めるためにインセンティブ案を設定したところで、結果としての評価が正しく実施されなければプロセスは完結しません。

通常、業績評価の目的は、前述のような金銭的インセンティブ目的や、従業員の能力開発目的など、様々な目的が挙げられますが、**どの目的を重視するか**は、企業の特徴や政策によって異なってきます。つまり、最適のパフォーマンス評価システムというのは存在せず、企業によって異なるポリシーで実行されることになります。

また、業績評価と能力開発のための評価ではその目的が異なるため、評価項目などのプロセスも当然異なってきます。たとえば、**業績評価が人材の選抜に用いられる**とすると、人材を現時点において自社にとって良い人材とそうでない人材に分け、良い人材のみを選

一般的な業績評価の目的

人材の選抜、給与・昇進等に関する意思決定	パフォーマンス向上のためのフィードバック	組織内、職場内コミュニケーションの促進	事実の記録（法的対策など）

パフォーマンスの尺度

特定の職務に必要な能力	5 自己啓発の継続
組織内で通用する広い職務に関する能力	6 チームパフォーマンス向上にむけた仲間への励まし
コミュニケーション能力(文章力も含む)	7 リーダーシップと指揮監督
努力、持続力	8 管理業務

抜することになります。この場合、最終的に1つの次元に結果を集約することになるため、評価の項目が何百にも詳細にわたっていることとは必ずしも重要でないと言えます。

一方、**能力開発のためのフィードバック**に用いられる場合、対象者がどのような項目においてどれだけの成果を上げたかを把握して、弱い部分を補い、強い部分を強化したりする人材開発に利用される、といった意味では、評価項目が細かく分かれているほうが、より詳細で効果的なフィードバックが可能になると考えられます。

6-2 業績評価の正確性

業績評価が正確であることは望ましいことですが、すべてが定量的な評価に落としこめるわけではありません。定性評価が介入するため**主観性をゼロにすることは不可能**です。したがって、たとえ正確性を高めるために多大なコストを投じて業績評価システムを構築したとしても、基準そのものの評価が定量的に実施できない以上、評価システムが目的を100％満たすとは言えません。

評価者が対象者の業績を評価するためには、その業績を判断する情報が必要です。最も重要なのは、**「評価者」が直接対象者の行動を観察すること**であり、評価の正確性の向上につながります。つまり、誰が評価するべきかではなくて、**誰が評価できるか**、つまり誰が対象者を評価するに十分の情報を持ち得るか、という視点で評価者を選ぶべきであり、組織上、上司が部下を評価しなければならないと考えても、その上司が、部下の行動を直

評価環境のベースとなるもの

1 評価者が対象者を直接観察できる機会を増やすような環境を整える

2 評価者が積極的に対象者の評価に用いる情報を収集するように動機付けさせる

3 対象者の評価に関する情報を最も手に入れやすい人を評価者にする

接観察する機会が少なければ、正確な評価にはつながりません。その上司の他に、直接観察できる立場にある人が対象者を評価したほうが、より正確な評価につながると言えます。

一方、**評価者のトレーニング**は、業績評価システムを効果的なものとするために欠かせないものです。トレーニングにおいて、評価者は業績評価のプロセスにおける一般的なテクニックを身につけると同時に、当該組織にとって、業績とは何か、またどういった行動が自社の該当職位の人間にとって望ましくて、どういった行動が望ましくないのか、といった**統一した見解**を築くことが求められます。

6-3 賃金戦略

【戦略的人材グループの把握】

賃金戦略を策定するためには、各々の**戦略的人材グループ**を把握しておき、それぞれのグループに適した賃金戦略を考えるべきです。たとえば、役員報酬の対象となるレベルは企業業績を大きく左右する人材グループであり、また、ミドルの管理職レベルも、企業戦略を遂行していく人材グループとして、戦略的な賃金マネジメントを効果的に行っていかなければならず、その他のカテゴリー、たとえば、職種別（技術者、科学者、セールス、生産、管理）などの分類も戦略的賃金管理のために考慮する必要があります。

【賃金決定の戦略的意思決定次元】

賃金水準の内部構造は、いわば**企業内における賃金格差**のことであり、これを異なる形態の賃金とどのようにミックスさせるかは、「**組み合わせる形態の数**」、「**割合**」、「**相対的**

戦略的に賃金をマネジメントするためには、次の次元に関する意思決定が必要となる。

❶ 賃金の競争力（他社との関係における自社の相対的地位）

↓

❷ 賃金水準の内部構造（賃金の内部格差）

↓

❸ 賃金ミックス（異なる賃金形態の数、度合い、ウエイト）

↓

❹ 昇給方針（短期的、長期的）

↓

❺ 人事戦略との整合性（戦略に合った賃金方針）

↓

❻ 賃金管理のスタイル（情報開示、従業員参加、集権分散）

重要度」などにより変化します。たとえば、ベース給と賞与の組み合わせとその比率、個人業績給、グループインセンティブ、ストックオプション等を絡ませるか、などを決定する必要があり、昇給に関しては、短期的な業績に応じた昇給にするのか、長期的な成功などに基づくのか、個人を重視するのか、グループの評価を重視するのか、などを確定させる必要があります。また、人事戦略全体と賃金システムとは当然整合性が取れている必要があり、賃金管理の内部システムを従業員にどこまで情報開示するか、賃金設計に従業員を参加させるか、賃金管理を中央集権的に行うか、などの決定なども重要な意思決定の1つとなります。

COLUMN

ヒューマンリソース
組織行動学と人的資源管理の関係

組織行動学と**人的資源管理**の領域は、同じ「**人と組織**」を扱う分野でありながら、目的とアプローチは異なります。

組織行動学（Organization Behavior）は、そのバックグラウンドとして社会学や心理学、社会心理学といったものをベースに、人のモチベーションや組織のインセンティブ、リーダーシップ等の機能について扱う、いわば「ソフト」の分野と言えます。そのソフトを使い、いかに「**個人のマネジメント**」、個人の集まりである「**グループのマネジメント**」、そしてグループの集まりである「**組織のマネジメント**」を効果的に行うのか？といった視点で網羅されています。

ちなみに、ロボットと異なり、感情を持つ人間に関しては、単に個人のマネジメントの延長上に「グループのマネジメント」、グループの延長上に「組織のマネジメント」があるわけではない、と言われています。組織が大きくなるにつれ、**社内政治や官僚化による意識レベルの低下といった権力やモチベーションの相互作用など複雑な要因が絡みあうことになるから**です。

一方、**人的資源管理（Human resource management）**は、このような個人やグループ、組

COLUMN

織のマネジメントを円滑に行い、かつ組織が拡大しても**「再現性のある形」**で運用を行えるよう**自社に合った昇進制度や報酬制度、教育制度、退職管理制度といったルールの枠組みを体系的に築く「ハード」**の分野と言えます

当初からMBAの主要科目に入っていた組織行動学の領域と異なり、この**人的資源管理**が正式に主要科目として認識されたのは1990年代に入ってからです。それまで、**人材管理(Personnel Management)**と呼ばれていた時代には、その目的は昇進制度や報酬制度、教育制度、退職管理制度など、**個別の制度を集めた制度集の管理**に過ぎませんでした。しかし、その後、「単なる制度集ではなく、意志を持たせた経営戦略の中核として人と組織を据えるべきである」と定義され、その重要性が再認識されることになりました。

この2つの領域は、MBAの中でも軽視されがちでありますが、経営戦略に基づいた決定のもと「ヒト」「モノ」「カネ」の中で唯一感情を持ち、残りの「モノ」と「カネ」も取り扱う主役がヒトであり、組織行動とHRMはそのヒトを扱う主役であり、経営の背骨と言える領域です。たとえ新入社員でも、組織に良い影響を与えることはできます。ぜひ、自分の環境に照らし合わせ、実践しながら学んでいきたいものです。

第6章
ストラテジー

内外の政治・経済情勢と合わせて、企業の経営環境も日々ダイナミックに変化しているなかで、企業が経営の舵取り、方向づけを示す経営戦略の重要性も以前にもまして高まっています。経営戦略の特殊性は、第5章までで述べられてきた他の5つの重要な機能のすべてを利用し、戦略的観点から総合的に今後の方向性を決定していくことにあります。したがって、企業の中のあらゆる担当者であっても、日々この「戦略」を意識し、職務を遂行していく必要があります。

第1節では、経営戦略の定義を設定した上で、経営戦略の策定プロセスについての全体像を把握します。

第2節では、策定プロセスに従い、外部環境、内部環境を含む経営環境を把握し、自社の状態についての考察を行います。

第3節では、現在の自社の立場と外部環境に従い、今後力を入れていくべき事業ドメインを確立するために必要なものについて検討します。

第4節では、現状を確認した上で、今後さらに成長していくためには何が必要か、ということを多面的に検討し、いくつかのオプションを設定していきます。

第5節では、自社の計画自体に影響を与える可能性がある5つの力（Five Forces）やポーターの3つの戦略をはじめとした、競争戦略を検討します。

第6節では、それぞれの戦略的な考え方やツールを現実的に実行し、それらをコントロールしていく際に重要となるポイントを整理します。

第1節　経営戦略とは何か

1-1 経営戦略とは何か

【経営戦略の定義】

戦略とは、最初は軍事において用いられた用語で、「**大局的見地から敵を打ち負かす方法**」という意味を持っています。これを企業経営に置き換えて定義すると、「**企業の持続的発展のために経営活動の基本的な方向づけを行うこと**」と言うことができます。具体的には、①**自社を取り巻く経営環境を分析し対応すること**、②**成長のための事業分野を選択すること**、③**選択した事業分野における競争上の優位性を確保すること**、④**経営資源の有効配分を行うこと**、といった内容になります。

【戦略（Strategy）と戦術（Tactics）】

一方、**戦略と戦術**が混同されて議論されるケースがよく見られますが、この違いは何でしょうか。企業は株主のものであり、その株主価値の最大化のために常に成長し続けてい

経営戦略とは何か

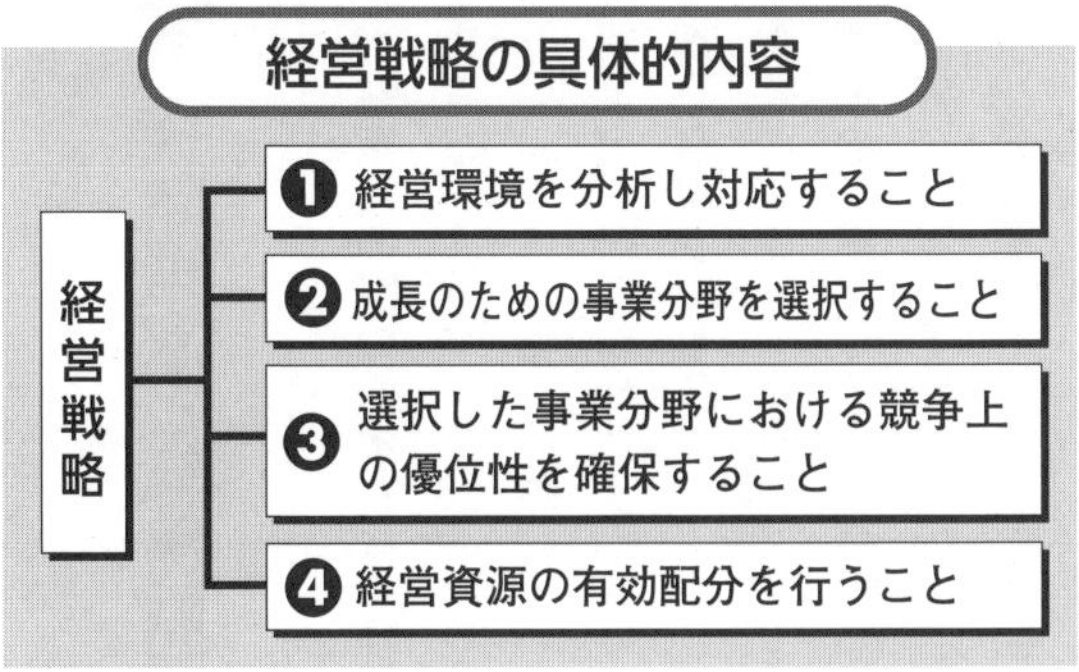
経営戦略の具体的内容
経営戦略
❶ 経営環境を分析し対応すること
❷ 成長のための事業分野を選択すること
❸ 選択した事業分野における競争上の優位性を確保すること
❹ 経営資源の有効配分を行うこと

かなければならない使命があります。その使命を果たすために会社としてとられる**舵取りの方向性**を戦略と捉えると、その具体的な**個別の処方箋**が戦術となります。つまり、組織文化や企業理念といったものと同様、まずベースとしての戦略があり、その上で初めて様々な個々の施策や手法が展開されることになります。その意味で経営戦略は非常に重要であり、「マーケティング」「会計」「財務」「人と組織」などの知識、経験、思考技術を横断的に活用して行う**総合的なファンクション**として捉えられています。

1-2 経営理念と経営戦略策定プロセス

【経営戦略策定の際の前提となる経営理念】

経営理念は、企業経営を行っていく上での活動のよりどころ、指針を与えるものです。企業がどのように行動し活動していったらよいかを示すのが経営理念です。継営理念は、経営戦略策定の際の**前提**となるもので、経営戦略の上位概念として位置づけられます。

【経営戦略策定プロセス】

経営戦略の策定は、以下のプロセスで行います。

①**経営環境の把握**……その企業が直面している外部環境の機会と脅威の分析と自社の内部環境の分析をSWOT分析（後述）を使用して明確化します。

②**ドメインの確立**……経営理念と経営環境の分析の結果、事業活動の範囲を決定します。

③**事業の選択（成長戦略）**……市場の変化に適合し、今後どのような市場で成長していく

経営理念と経営戦略策定プロセス

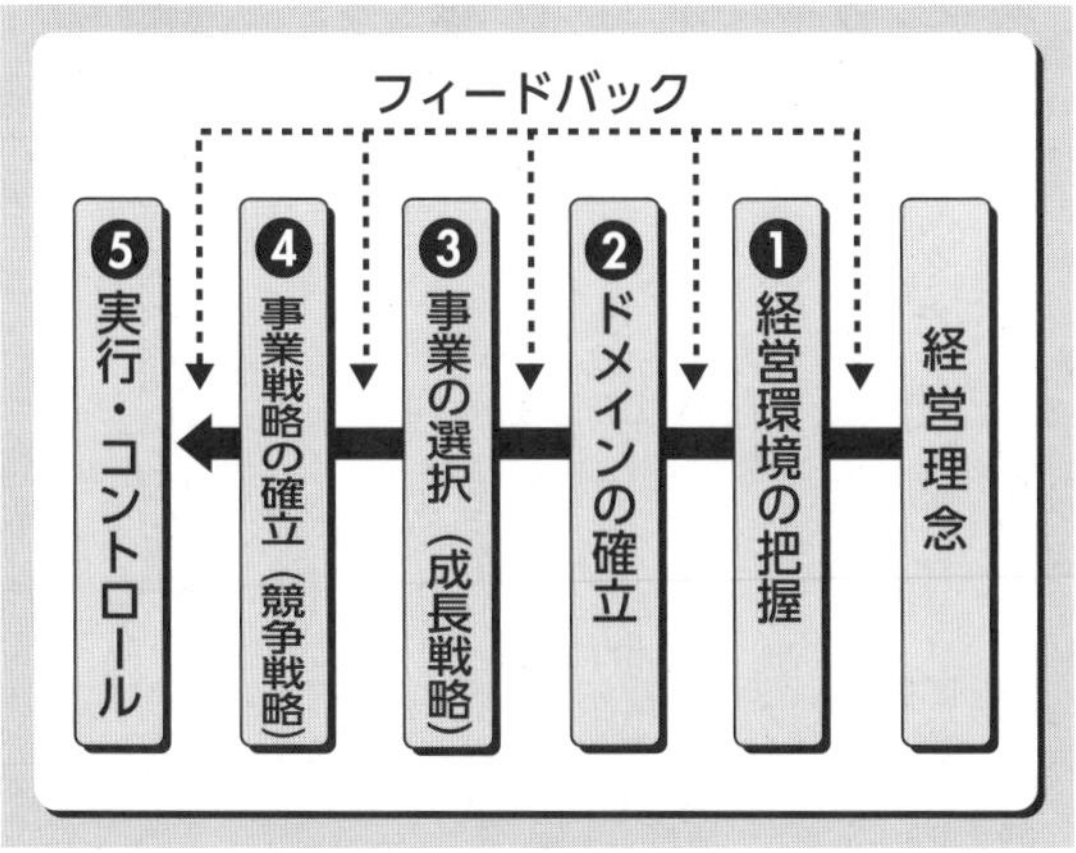

べきかを製品－市場マトリックス（後述）を使って選択します。

④事業戦略の確立（競争戦略）……事業が決定したら、次はその事業の帰属する市場の中で、競合企業に対していかに差別的優位性を確保するかを検討します。

⑤実行・コントロール……戦略実行では、組織や社内システム等考慮すべき事項が多数あることを7Sモデル（後述）を使って説明します。また経営成果をフィードバックして、戦略の見直しを行います。

　このように、戦略策定のプロセスは「まず検討に必要なデータを集めた上で、方針を立て、その後、細かな方針と実行方法を考える」という流れで進んでいきます。

第2節　経営環境の把握

2-1 経営環境の把握

ここでのポイントは、体系的に、そしてモレなく事実を把握することです。

【外部環境】

経営環境は、**外部環境**と**内部環境**に分かれます。両方の環境分析を実施することで、現在自社を取り巻く事業環境を総合的に分析することができます。

外部環境とは、企業外部から影響を受ける環境要素を言います。外部環境は以下のとおり**マクロ環境**と**ミクロ環境**に分かれます。

(1)**マクロ環境**……社会構造の変化として企業に間接的に影響を与える環境要素

①自然環境（暖冬など）、②法律・政治環境（政権交代、規制緩和など）③技術環境（新技術の発明など）、④社会環境（少子高齢化の進展など）、等

(2)**ミクロ環境**……企業に直接的に影響を与える環境要素

経営環境の把握

外部環境	マクロ環境	自然環境、法律・政治環境、技術環境など
	市場環境	市場規模、購買動向など
	競合環境	競合の参入状況、競合のマーケティングなど
	流通環境	仕入れ業者の動向、チャネル構造など
内部環境	経営者の資質	リーダーシップ、バランス感覚など
	経営体質	組織構造、チームワークなど
	財務体質	資金力、信用力など
	営業力	営業マンの数、営業マンの質など
	技術力	研究開発力など

①市場環境（消費者のライフスタイルの変化など）、②競合環境（同業他社の出店状況など）、③流通環境（仕入先の状況など）、等

【内部環境】

内部環境とは、企業内部の経営資源の量的・質的充足状況をいい、以下のようなものが挙げられます。

①経営者の資質（リーダーシップなど）、②経営体質（組織構造など）、③財務体質（資金力・信用力など）、④営業力（営業マンの数など）、⑤技術力（研究開発能力など）、⑥販売チャネル（全国店舗網など）、⑦製品力（製品の品質．デザインなど）、⑧情報能力（販売情報収集・分析能力など）、等

2-2 業界分析「ファイブフォース分析（Five forces analysis）」

「ファイブフォース分析」は、業界の魅力度を測定するための産業組織論を応用したフレームワークで、いかに示す「5つの力」が総合的にどう作用するかにより、**業界の魅力度（収益性）**や、その業界における**競合の状況**を把握することになります。

①**業界内の既存の競合**……業界内の競合が激しくなるのは、(i)**競合者が多い場合**、(ii)**製品の差別化が難しい場合**、(iii)**撤退する際の障壁が高い場合**、などが考えられます。

②**新規参入の脅威**……新規参入が容易であるのは、(i)**投下資本が少額ですむ場合**、(ii)**法的規制が少ない場合**、(iii)**技術上の障壁が低い場合**、などが考えられます。

③**代替品の脅威**……代替品が脅威になるときは、(i)**代替品のコストパフォーマンスが高い場合**、(ii)**従来とは違った供給体制が構築された場合**、などが考えられます。

④**売り手の交渉力**……売り手の交渉力が脅威となるのは、(i)**代替品がない場合**、(ii)**売り手**

ファイブフォース分析 (five forces analysis)

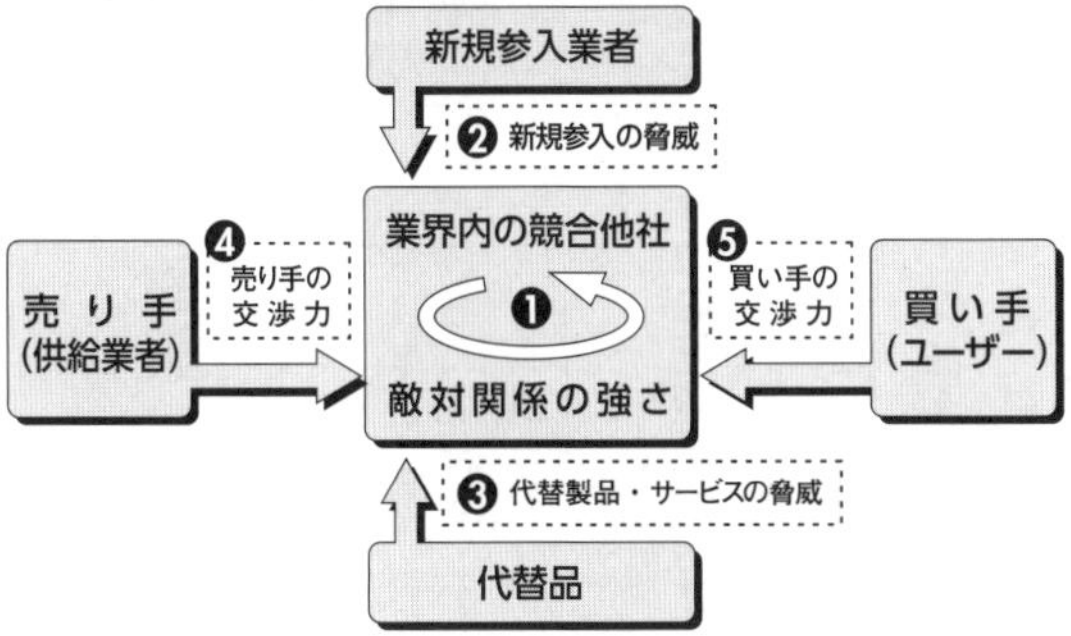

出所：ポーター「新訂 競争の戦略」ダイヤモンド社、1995年

が少ない場合、(iii)購買する製品が自社にとってコアとなる製品の場合、などが考えられます。

⑤買い手の交渉力……買い手の交渉力が脅威となるのは、**(i)代替品がたくさんある場合、(ii)買い手が少ない場合、(iii)買い手の購入量が多い場合、(iv)買い手の情報量が多い場合**、などが考えられます。

以上のように、ファイブフォース分析は、業界全体の平均的な魅力度の大枠を構造的に知るために有効なツールです。しかしながら、その一方で、この分析自体が定量的なものではないため、現実的に**個々の企業の内部環境を十分に踏まえたリサーチをした上で、業界の全体像を認識することが大前提**となります。

2-3 価値連鎖（バリューチェーン）

【価値連鎖とは】

製品が最終消費者に届くまでの付加価値の連鎖を**バリューチェーン**と言います。このフレームワークを使うことによって、購買からサービスまでの一連の活動において、他社と優劣の出ている箇所とその原因が解明できるようになります。

【価値連鎖の９つの価値創造活動】

価値連鎖モデルは、競争優位を生み出す源泉がどういう構造になっているかを示せるように、活動を**９つの価値創造活動**に分割して表したものです。この９つの価値創造活動は、図のように、**５つの主要活動**（①購買物流、②製造、③出荷物流、④販売とマーケティング、⑤サービス）と、**４つの支援活動**（①調達活動、②技術開発、③人事・労務管理、④全般管理〈インフラ〉）に分けられます。

価値連鎖（バリューチェーン）

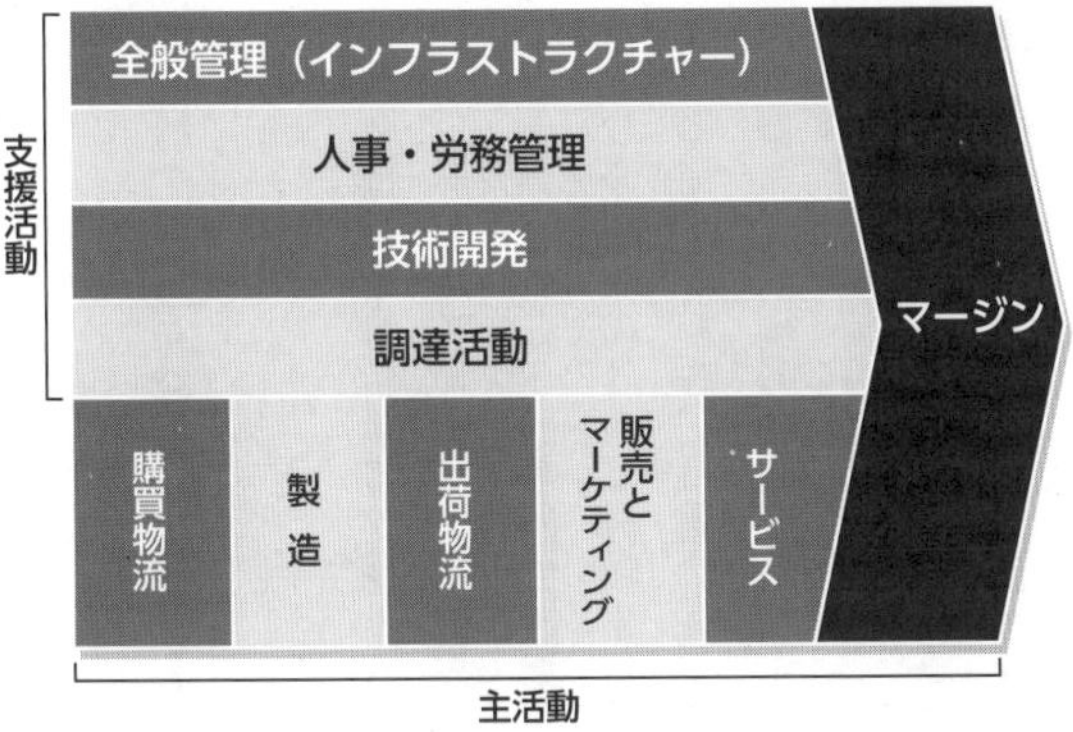

出所：ポーター「競争優位の戦略」ダイヤモンド社、1985年

企業は、それぞれの価値創造活動について、**コストとその成果を精査し、競合企業との比較において、改善点を探索**しなければなりません。そして、常にイノベーションに取り組み、少しでも他社との競争優位性を保てるよう差別性を創り出していく必要があります。

また、このフレームワークは、**新規事業を開発したり、協力企業とのアライアンスを構築する際にも**重要な情報を与えてくれることになります。サプライチェーン・マネジメント（SCM）は、このフレームワークに情報技術を活用して、価値連鎖全体のイノベーションをもたらすために応用された概念です。

2-4 BCGアドバンテージマトリックス

業界の**競争環境を分析するフレームワーク**として、ボストンコンサルティング・グループの**アドバンテージマトリックス**があります。このマトリックスは**業界の競争要因が多いか少ないか**という軸と、**競争優位性構築の可能性が大きいか小さいか**という軸によって、事業のタイプを以下の4つに分類するものです。それぞれの事業タイプにより、成功の可能性も異なってくるため、事業によってどのような優位性を構築できるかを考えます。

①**規模型事業**……**規模の利益**を追求することで優位性を構築できる事業のことです。仮に差別化を試みたとしてもコストが高くなるだけで、収益性が向上しない業界です。自社の事業が属しているなら、ある程度の規模を追求できることが収益性向上の条件となります。

②**特化型事業**……競争要因（競争上の戦略変数）が多く存在し、かつ、**差別化や集中化**によって特定の分野で独自の地位を築くことで競争優位性が保て、収益性が確保できる事業

アドバンテージマトリックス

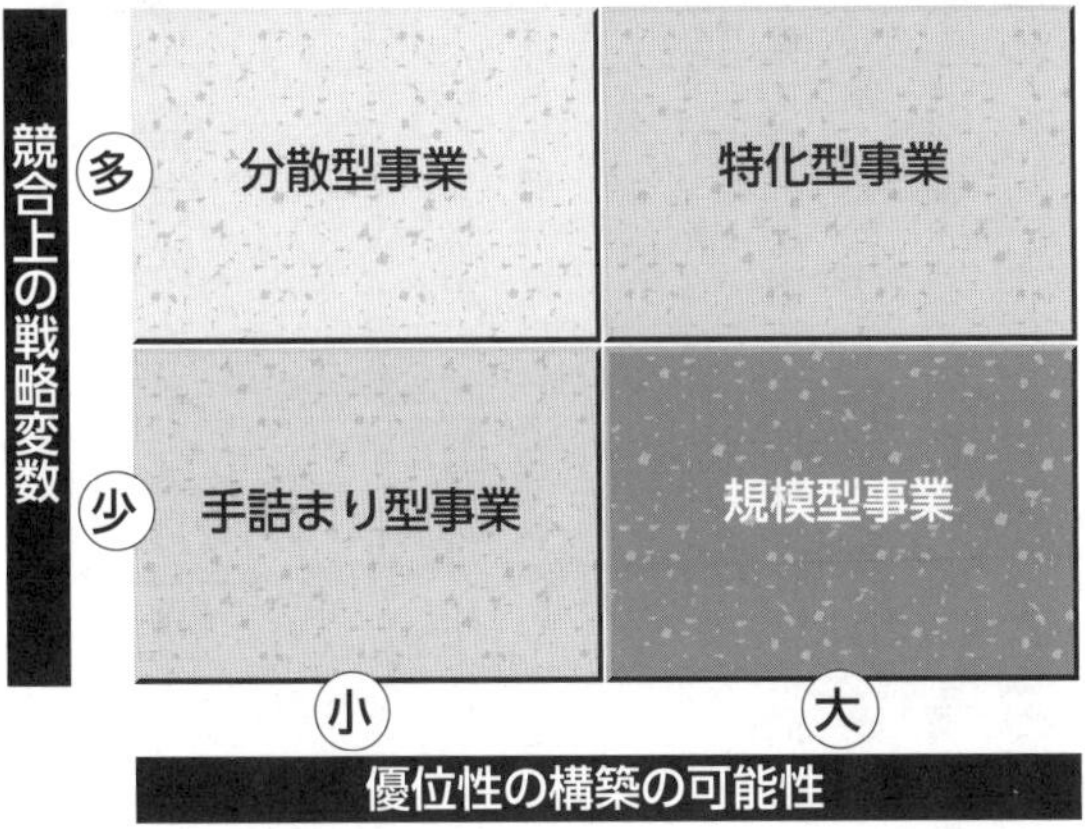

です。

③手詰まり型事業……優位性構築が**困難な事業**です。過去には規模による格差が存在したものの、コスト低下が進み、企業間格差がなくなってしまった業界です。自社事業が属しているなら、撤退するかまたは他の事業の比率を上げることを目指すのが賢明です。また、たとえば、M&A等により川下、川上へ進出し付加価値を高める方法も考えられます。

④分散型事業……競争要因が数多く存在するものの**圧倒的な優位性構築が困難な事業**です。事業が**小規模な段階では高い収益性を維持**できますが、事業規模を拡大すると、収益性を維持できなくなります。

第3節　事業ドメインの確立

3-1 事業ドメインの確立

環境分析の後は、**事業ドメイン**を確立します。ドメインとは、生物学では生存領域という意味を持ちますが、企業経営で使うときは、**事業領域**という意味になります。すなわち、企業の事業活動の範囲を決定することです。事業ドメインを定義する軸は、以下の3つです。

①**顧客ターゲット**　〝顧客は誰なのか〟
②**顧客ニーズ**　〝顧客のどんなニーズに向けて提供するのか〟
③**独自技術**　〝どのような技術を使うのか〟

事業ドメインを決める際は、将来事業が広がる可能性を持つ事業領域を定義する必要があります。このとき気をつけなければならないのは、**個々の製品・サービスをベースに事業領域を決めるのではなく、あくまで市場をベースに事業領域を決定していく**ことです。

事業ドメインの確立

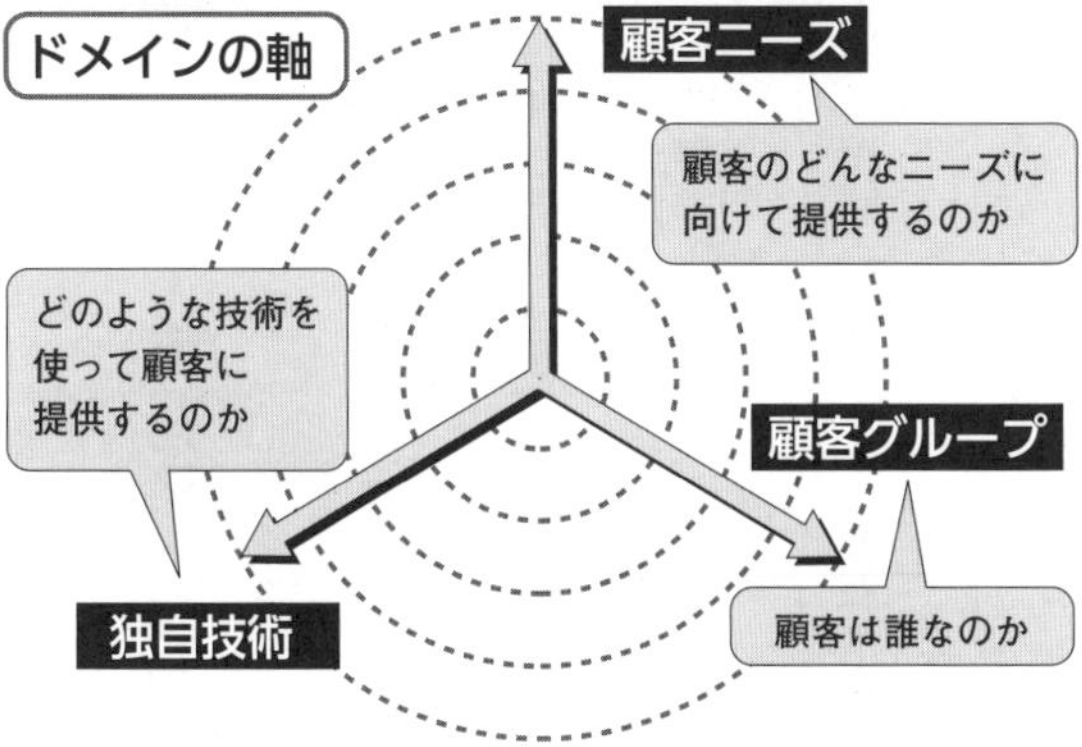

出所：P・コトラー「マーケティング・マネジメント[第7版]」プレジデント社、1996年に加筆・修正

つまり、製品やサービスは時代により変化しますが、**市場の基本ニーズや顧客グループは永続する**からです。たとえば、馬車製造会社は自動車の登場によって消えていきますが、もしこの企業が自らを輸送事業と定義すれば、馬車メーカーは自動車メーカーに転換する可能性があるでしょう。このようにドメインの明確化は、既存事業の再構築や新規事業への進出など企業の重要な戦略に関わっており大変重要なものです。また、**新規事業を展開する場合は、既存事業が有する機能や技術とのシナジー（相乗効果）を考慮**に入れなければなりません。本業を中心としたドメインを実現する事業を進めてこそ、自社者の強みを活かすことができるのです。

第4節　成長戦略

4-1 製品－市場マトリックス

企業が継続企業として成長し続けるためには、**絶えず市場の変化に即応できる事業構造**をつくっていかなければなりません。アンゾフは事業構造変革のための事業選択をするために、事業構造を「**製品**」と「**市場**」という2つの要素から捉え、「**製品・市場マトリックス**」を提案しました。「製品－市場マトリックス」は、横軸に製品の既存と新規、縦軸に市場の既存と新規をとって、マトリックスにしたもので、以下の4つの事象ができあがります。

①**市場浸透戦略（既存製品－既存市場）**……既存の市場と製品群にとどまって、マーケットシェアを高めていく戦略です。具体的には、販売促進や顧客サービスの充実、商品ラインの充実等を行っていきます。

②**新製品開発（新規製品－既存市場）**……既存の市場の強みを活かして新製品を開発し、

導入する戦略です。既存のチャネルと顧客を利用することで販売コストの低減が図れます。

③**新市場開拓戦略（既存製品－新規市場）**……既存製品を新たに開拓市場に広げる戦略です。新規出店や海外進出等が当てはまり、既存商品の量産効果が見込めますが、一方、多額の投資資金も必要になります。

④**多角化戦略（新規製品－新規市場）**……製品と市場の両方で新規領域を目指す戦略です。既存事業とは関連性がない（もしくは低い）事業に進出することで成長していく戦略は、複数の事業を持つことによるリスク分散という利点を持っています。最近では、多角化手法として**M&A**が、スピードを高める意味で増加してきています。

4-2 多角化戦略

前項の多角化戦略をもう少し詳細にみてみましょう。

【シナジー】

シナジーとは、相乗効果のことであり、1＋1＝2ではなく、1＋1＝2よりも大きくなることを意味しています。多角化戦略において、**関連分野における多角化**は、既存事業のコアとなる技術・製品を共有することで、既存事業を核として関連事業を展開していく戦略です。事業規模の拡大による生産効率の向上や、研究開発・生産技術等を有効的に活用することによりシナジーを発揮し、高い収益率を目指します。シナジーの種類には以下の4つが挙げられます。

①**販売シナジー**……流通チャネル、販売促進、ブランドなどを共通利用することによって得られる相乗効果

多角化戦略

メリット	シナジーが発揮できる	
	適正な事業バランスで収益が安定する	
	リスクが分散できる	
	未利用資源が活用できる	
類型	水平的多角化	現在と同じタイプの市場に、既存技術を基に、新しい製品をもって行う多角化
	垂直的多角化	川上や川下（製品や販売）に進出する多角化
	集中的多角化	既存製品との技術や販売面で関連を持たせて、様々な製品を様々な市場へ参入させる多角化
	集成的多角化	既存の市場・製品とまったく関係のない分野に進出する多角化

②**生産シナジー**……生産における人員・資材などの共通利用、生産施設の共通利用、原材料の一括大量購入等により、生産コストの低減が図れる場合などに生じる相乗効果

③**投資シナジー**……設備の共通利用による設備投資額の低減、類似分野の研究開発による研究開発投資の低減等、投資が節約できる時に生じる相乗効果

④**管理シナジー**……管理活動における既存の知識やノウハウが、新規製品・市場分野においても活用できる場合に生じる相乗効果

実際に、企業間競争が厳しさを増す中で、各企業は既存事業に直接関連しない事業での多角化（分散的投資）から、コア事業への集中へと戦略を変えてきています。

4-3 プロダクト・ポートフォリオ・マネジメント（PPM）

自社の経営資源は限られているため、複数ある各事業を最適に組み合わせて（事業ミックス）、経営資源を有効に配分する必要があります。この事業の組み合わせを最適化させるための考え方が、**プロダクト・ポートフォリオ・マネジメント（PPM）**です。

PPMは、横軸に「**相対的マーケットシェアの高低**」をとり、縦軸に「**市場の成長率**」の高低をとって、4事象をつくります。PPMは、「相対的マーケットシェア」を**資金の流入**、「市場の成長率」を**資金の流出**と捉え、複数事業への資源（ことにキャッシュという経営資源）の有効配分を分析します。事象は次のような特徴があります。

①**金のなる木**……相対的シェアが高いため資金の流入が大きく、また市場成長率が低いため、資金の流出は少なくてすむので、この事業においては大きな資金が確保できます。

②**花形製品**……相対的シェアが高いため資金の流入は大きい一方、市場成長率が高いため、

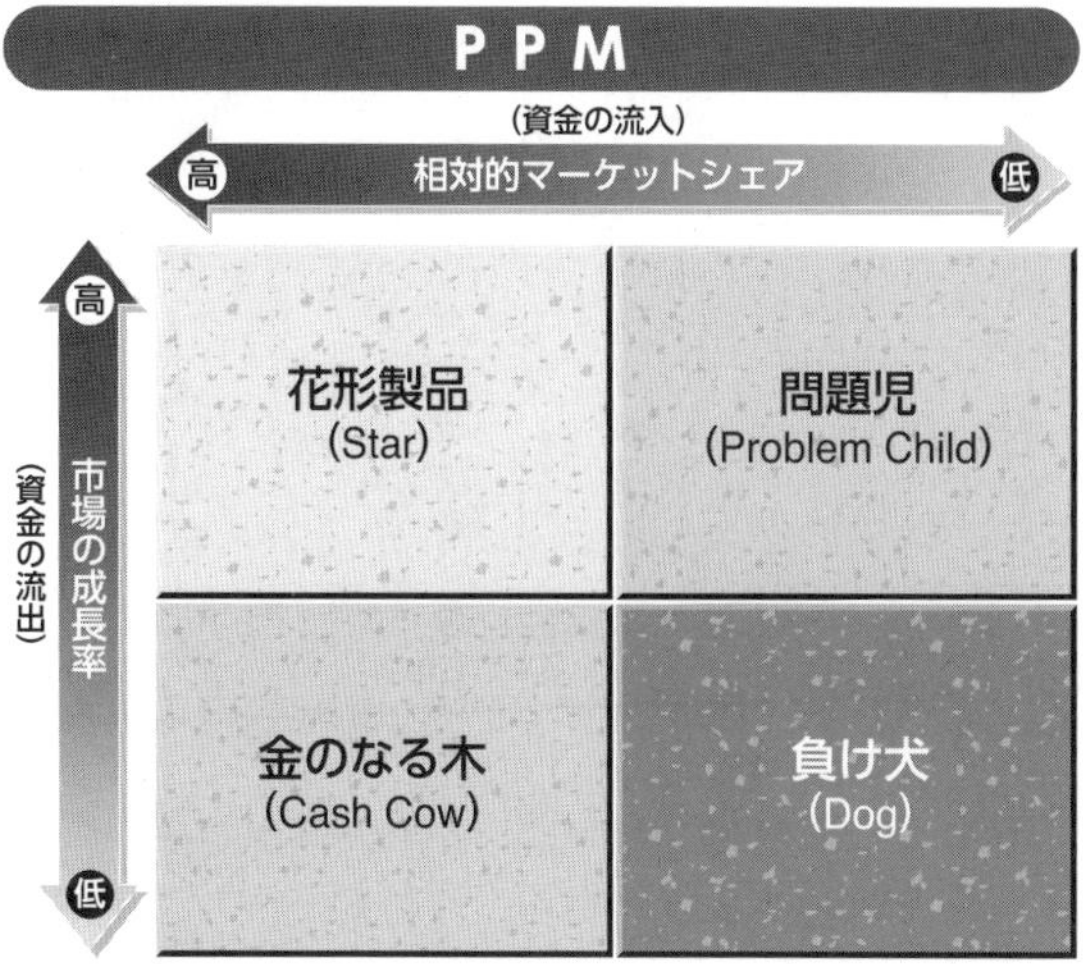

資金の流出も大きくなります。よってこの事業において**資金は確保できません**。

③**問題児**……相対的シェアが低いため、資金の流入は小さく、市場成長率が高いため資金の流出は大きくなります。よってこの事業は大きな**資金需要が発生**します。

④**負け犬**……相対的シェアが低いため資金の流入が小さく、また市場成長率が低いため、**資金の流出は少なくて**すみます。

ＰＰＭによる事業ミックスは、**①金のなる木で得たキャッシュを②問題児への投資に充て、その②問題児を③花形製品に育て、積極的な投資を行ってシェアを高めていくという継続的サイクルを作ることが基準となります。**

第5節　競争戦略

5-1 ポーターの3つの基本戦略

ハーバードビジネススクールのマイケル・E・ポーターは、他社との競争優位を築くためには、**3つの基本戦略**があると主張しています。

①**コスト・リーダーシップ戦略**……競合他社よりも**低コスト**を実現することにより競争優位性を確保する戦略を言います。コストを下げる手段としては、**規模の経済の追求**、**経験曲線の利用**があります。**規模の経済**の追求とは、生産や販売規模を拡大させることによって単位当たりのコストを低減し、利益率を高めることを言います。**経験曲線**とは、ある製品について累積生産量が多くなるほどその製品の単位あたりコストが低減するというものです。

②**差別化戦略**……製品とサービスを徹底的に差別化して提供することで、顧客にその違いを認識してもらい、競争優位性を確保しようとする戦略を言います。製品差別化によって、

ポーターの3つの基本戦略

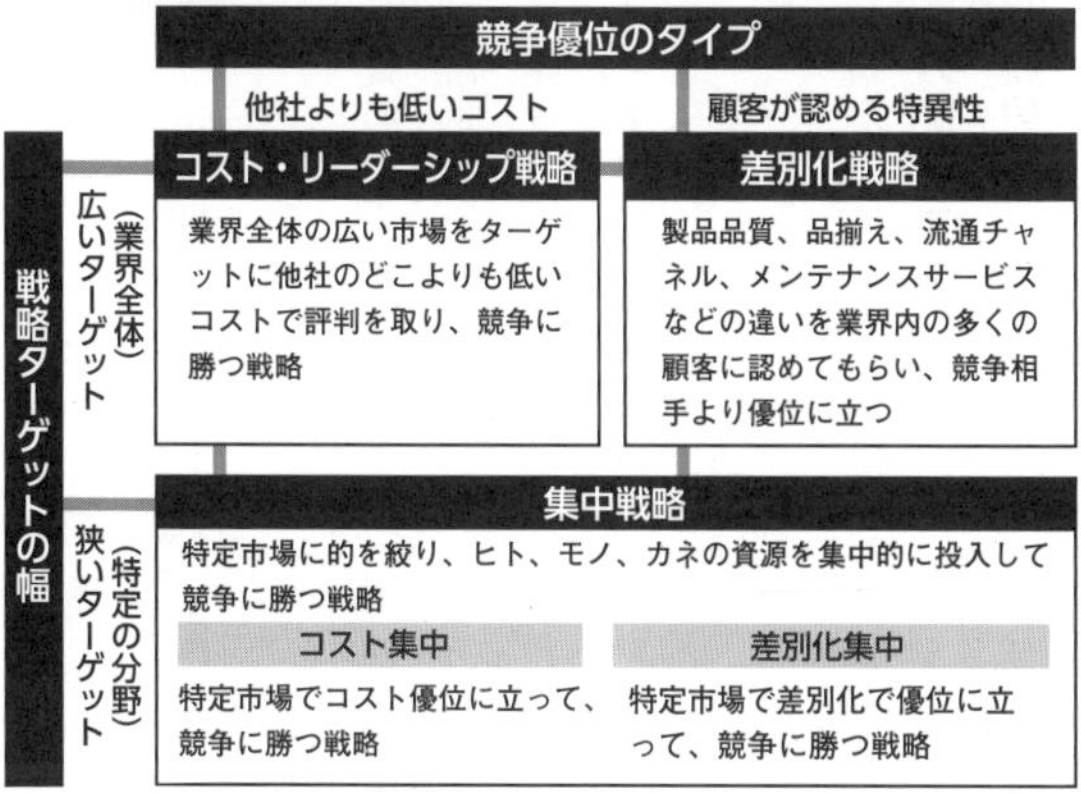

	競争優位のタイプ	
	他社よりも低いコスト	顧客が認める特異性
戦略ターゲットの幅 / 広いターゲット（業界全体）	**コスト・リーダーシップ戦略** 業界全体の広い市場をターゲットに他社のどこよりも低いコストで評判を取り、競争に勝つ戦略	**差別化戦略** 製品品質、品揃え、流通チャネル、メンテナンスサービスなどの違いを業界内の多くの顧客に認めてもらい、競争相手より優位に立つ
狭いターゲット（特定の分野）	**集中戦略** 特定市場に的を絞り、ヒト、モノ、カネの資源を集中的に投入して競争に勝つ戦略	
	コスト集中 特定市場でコスト優位に立って、競争に勝つ戦略	**差別化集中** 特定市場で差別化で優位に立って、競争に勝つ戦略

出所：ポーター「新訂 競争の戦略」ダイヤモンド社、1982年に基づき作成（グロービスMBAマネジメントブック）

製品の高価格を維持することを目的としています。同時に、差別化戦略では何をすべきでないか、といったことも重要な戦略の1つです。競合他社のほとんどが行っていることをあえて実行しないのも差別化戦略の1つとなるのです。

③**集中戦略**……選択した特定の範囲に特化して、ヒト、モノ、カネ、情報といった経営資源を投入し、競争優位性を確保する戦略を言います。集中戦略には、特定の製品・サービスに対して徹底したコスト削減を行う「**コスト集中**」と、特定の製品・サービスに対して、徹底的に差別化を行う「**差別化集中**」があります。

第6節　戦路実行とコントロール

6-1 戦略の実行に際して

経営戦略を実行する際、フレームワークとして前述のマッキンゼー「7つのS」により戦略の策定と組織や社内システムとの整合性を確認し、社員のコンセンサスや社員のスキル等を結びつけることで確実に実行する必要があります。

【3つのハードのS】

①**組織**（Structure）……組織の形態をどうすべきか、権限分掌をどう図るか

②**戦略**（Strategy）……事業の競争優位性を維持・確保するための強みは何か

③**社内のシステム**（System）……情報伝達のプロセスや報告様式は何を重視するか

【4つのソフトのS】

④**人材**（Staff）……優れた人材を採用、教育し、適材適所の仕事を任せているか

⑤**スキル**（Skill）……戦略遂行に必要な専門技術を持っているか

戦略実行とコントロール

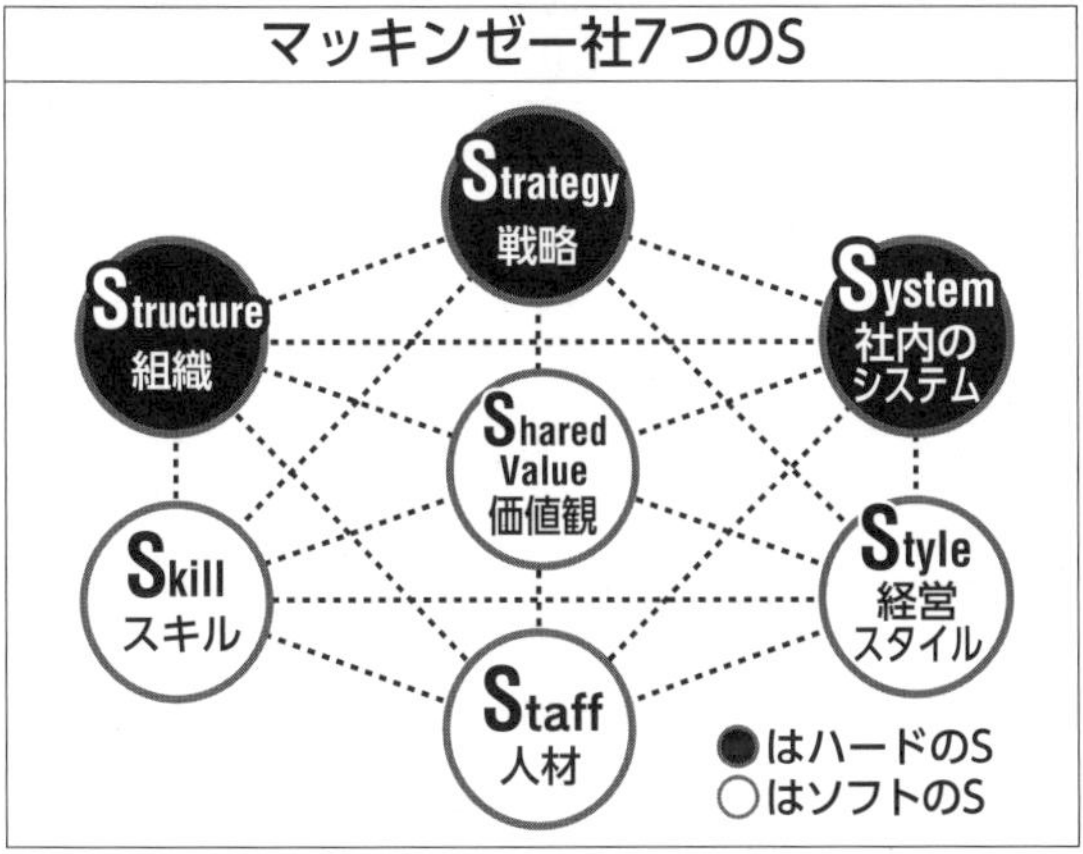

⑥**経営スタイル（Style）**……従業員が共通の行動と発想スタイルを持っているか

⑦**価値観（Shared Value）**……従業員が同じ価値観や使命を共有しているか

ハードのSに比べ、ソフトのSはすぐに変更することが困難であるため、このことを考慮に入れ、実行計画を立てることが重要になってきます。

中期経営計画でも、個別のM＆Aでも、組織変革の場面でも失敗する多くの原因はハードのSでなく、ソフトのSにあると言われています。ソフトのSを適切に他の要素と結びつき、運用されるためには、社内においてHRMが戦略をサポートする中心として重視され、認識されている必要があります。

6-2 戦略のコントロール

【コントロールの重要性】

マネジメントは、計画（Plan）→実行（Do）→点検（Check）→是正（Action）の順序で行われます。これはそれぞれの頭文字をとり、**PDCAサイクル**と呼ばれます。サイクルであるため、是正（Action）の後は、次の計画へとつながっていきます。戦略策定や予算編成などの計画に基づき実行し、成果を測定・評価して、是正措置をとります。点検（Check）、是正（Action）の部分をコントロールと言い次期の計画（Plan）へ現状の課題をフィードバックし、経営に役立てる意味で非常に重要な意味を持ちます。

【コントロール】

具体的コントロールは、定量的なコントロールと定性的なコントロールに分かれます。定量的コントロールの代表的なものには、**予算統制**と**経営指標分析**があります。予算統制

戦略のコントロール

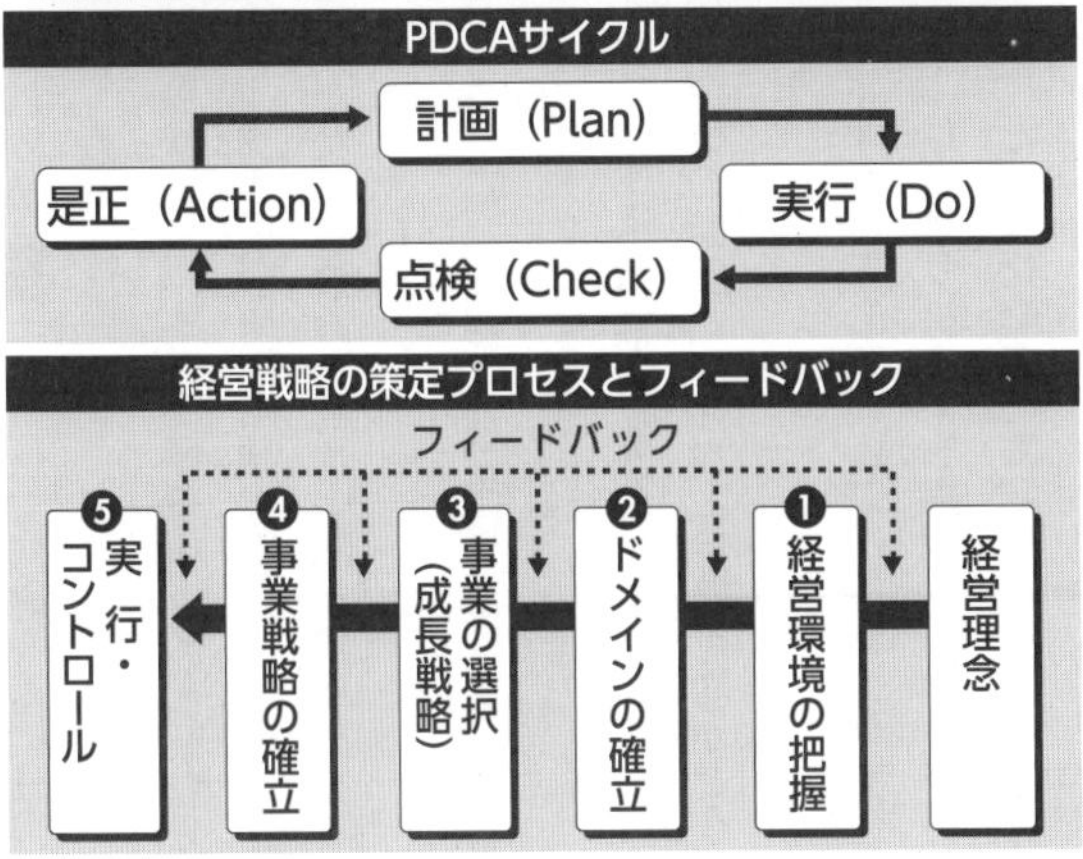

とは、計画において編成された予算と実績を比較して、その差異の原因分析を行うものです。**経営指標分析**は、財務諸表からの各種の指標を計算し、時系列比較や同業他社平均との比較を行ったり、損益分岐点分析を行って原因を分析します。

　また、定性的なコントロールの代表的なものには**戦略コントロール**があります。これは定期的に企業の市場に対するアプローチ方法について再検討、再評価を行うもので、**市場、製品、チャネルに関して企業は最善の機会を追求しているかを、評価尺度を使ったチェックリストを利用して分析**するものです。これらコントロールを次期計画に反映させ、次期の戦略策定が行われます。

COLUMN

ストラテジー
「リソースベーストビュー」とポーターの戦略論

COLUMN

業界の競争状態によって事業の成功が左右されるという**産業構造分析**を中心として組み立てられた**ポーターの競争戦略論**と並び注目されているのが、より企業内部のリソースに事業の成否を見出した経営資源分析を中心とする**バーニーら**の「**リソースベーストビュー（RBV）**」です。

RBVは、「**持続可能な競争優位性はその企業に希少で模倣が困難な経営資源の存在で決まる**」という前提の下、企業の持つ経営資源を①**V＝Value（価値）**、②**R＝Rareness（希少性）**、③**I＝Imitability（模倣可能性）**、④**O＝Organization（組織）**、つまり**VRIO**という4つの視点から企業の競争優位性が「**持続可能かどうか？（≒真の競争優位）**」を分析し、戦略を組み立てます。

一方、ポーターにも、バーニーにも、批判は存在します。「**ポーターは自社リソースを無視している**」、「**バーニーは設計よりも運用（実現可能性）に偏っている**」といったものです。しかし、実際はそれらの指摘はどちらも当たっていません。

ポーターによるリソースの分析は『競争の戦略』ではなく、その続編である『**競争優位の戦**

略』において「超」具体的と言えるほど掘り下げた**バリューチェーンの活動1つひとつに焦点を当てて**行われています。バーニーも**市場の選択や対応については考えを放棄しているわけではなく**、あくまでポーターなどの理論を「大前提」として用い、垂直統合やコストリーダーシップ、多角化戦略といった個別戦略について議論をしています。

企業における戦略をはじめ、多くの意思決定は「**魅力度**」と「**実現可能性**」という**2軸**で判断されることになりますが、ポーターでは**前者**、バーニーでは**後者**を起点とした分析アプローチがなされている、と言えます。起点が違うということは、当然その**力点も違う**ということでもありますから、それぞれの力点を補完し合いながら活用できる、ということにもなります。たとえば、ポーターの理論体系に基づき、自社分析に関してはVRIOのフレームで補足をするといった活用が考えられます。

およそ戦略論と呼ばれるものは数多く存在しますが、目的が同じでもそれぞれ**体系**が違います。したがって、**目的が同じでも体系の異なる戦略論をごちゃ混ぜに活用すると、レベルの合っていないものが重複されて検討されてしまうことになります**。そのためベースとなる体系を固め、その体系を中心としながら各分野の補足の掘り下げをしていく、といったアプローチが重要になります。

D.A. アーカー著 陶山計介ほか訳
『ブランドエクイティ戦略』ダイヤモンド社、1994 年
トム・コープランド、ウラジミール・アンティカロフ著　栃本克之監訳
『決定版リアル・オプション』東洋経済新報社、2002 年
トム・コープランド、ティム・コラー、ジャック・ミュリン著　伊藤邦雄訳
『企業評価と戦略経営－キャッシュフロー経営への転換（第 2 版）』日本経済新聞社、1999 年
ドーン・イアコブッチ編著
『マーケティング戦略論　ノースウエスタン大学大学院ケロッグ・スクール』ダイヤモンド社、2001 年
ドン・ペパーズ、マーサ・ロジャーズ著
『ONE to ONE 企業戦略』ダイヤモンド社、1997 年
バーニー・ジェイ・B.
『企業戦略論【上】【中】【下】』ダイヤモンド社、2003 年
バーバラ・ミント著 山崎康司　訳
『考える技術・書く技術』ダイヤモンド社、1999 年
ピーター・M・センゲ著　守部信之訳
『最強組織の法則』徳間書店、1995 年
フィリップ・コトラー , ケビン・レーン・ケラー著　月谷真紀訳
『コトラー＆ケラーのマーケティング・マネジメント』ピアソン・エデュケーション、2008 年
フレデリック・F・ライクヘルド著　山下浩昭訳
『顧客ロイヤルティのマネジメント』ダイヤモンド社、1998 年
ヘルマン・サイモン、ドーラン , ロバート・J. 著
『価格戦略論』、ダイヤモンド社、2002 年
M. ビアー、B. スペクター、P.R. ローレンス、R.E. ウォルトン著、梅津祐良、水谷栄二 訳
『ハーバードで教える人材戦略』日本生産性本部、1990 年
マッキンゼー・アンド・カンパニーほか著 天野洋世ほか訳
『企業価値評価』ダイヤモンド社、2006 年
ロビン・クーパーほか著　KPMG ピート・マーウィック、KPMG センチュリー監査法人　訳
『ABC マネジメント革命』、日本経済新聞社、1995 年

■参考文献一覧

B. ウェイナー著、林保、宮本美沙子訳
　『ヒューマン・モチベーション』金子書房、1989年
D.A. アーカー著『戦略市場経営』ダイヤモンド社、1986年
D.A. アーカー著『ブランド・エクイティ戦略』ダイヤモンド社、1994年
G. ベネット・ステュワートIII著、日興リサーチセンター他訳
　『EVA創造の経営』東洋経済新報社、1998年
Henry Mintzberg,The Structuring of Organizations Prentice － Hall，1979
J.C. アベグレン、BCG著
『ポートフォリオ戦略』プレジデント社、1977年
J.R. ガルブレイス、D.A. ネサンソン著
『経営戦略と組織デザイン』白桃書房、1989年
Kotler, Amstrong，Principles of Marketing，Sixth edition，Prentice － Hal 1，1994
K.G. パンプ、V.L. バーナード、P.M. ヒーリー著
　『企業分析入門」東京大学出版会、1999年
L. トレーシー著『組織行動論』同文舘出版、1991年
M.E. ポーター著『新訂　競争の戦略』ダイヤモンド社、1995年
M.E. ポーター著『競争優位の戦略』ダイヤモンド社、1985年
R. リッカート、G. リッカート著
　『コンフリクトの行動科学』ダイヤモンド社、1988年
Richard Brealey,
　Principles of Corporate finance，sixth edition，McGraw-Hill、2000
T. レビット著
　『マーケティングの革新』ダイヤモンド社、1983年
イゴール・アンゾフ著
　『「戦略経営」の実践原理』ダイヤモンド社、1994年
G. ベネット・スチュワートIII著、1998年
　『EVA創造の経営』東洋経済新報社、
K.G. パレプ、P.M. ヒーリー、V.L. バーナード著 筒井知彦ほか訳
　『企業分析入門』、東京大学出版会、1999年
ジョン・P・コッター著　梅津祐良訳
　『企業変革力』日経BP社、2002年
ステファン・ロビンス著
　『組織行動のマネジメント』ダイヤモンド社、1997年

■監修
青井倫一（あおい・みちかず）
1969年東京大学工学部卒業。1975年同大学大学院経済学研究科博士課程修了。1979年ハーバード大学ビジネススクール留学、経営学博士号授与。1990年慶應義塾大学ビジネススクール（大学院経営管理研究科）教授。産業界でも広くアドバイザーとして活躍。

■編著者
グローバルタスクフォース
事業部マネジャーや管理本部長、取締役や監査役を含む主要ラインマネジメント層の採用代替手段として、常駐チームでの事業拡大・再生を支援する経営コンサルティング会社。2001年より上場企業の事業拡大・企業再生を実施。上場廃止となった大手インターネット関連企業グループの再生のほか、約50のプロジェクトを遂行する実績を持つ。主な著書に「通勤大学MBA」シリーズ、『ポーター教授「競争の戦略」入門』（以上、総合法令出版）、『わかる！MBAマーケティング』『早わかりIFRS』（以上、PHP研究所）、『トップMBAの必読文献』（東洋経済新報社）など約50冊がある。世界の主要ビジネススクールが共同で運営する世界最大の公式MBA組織“Global Workplace”日本支部を兼務。
URL http://www.global-taskforce.net

通勤大学文庫
通勤大学MBA 1
マネジメント〔新版〕

2002年7月8日　初版1刷発行
2010年3月8日　新版1刷発行
2012年4月16日　新版3刷発行

監　修　**青井倫一**
著著者　**グローバルタスクフォース株式会社**
装　幀　**倉田明典**
発行者　**野村直克**
発行所　**総合法令出版株式会社**
〒107－0052　東京都港区赤坂1-9-15
日本自転車会館2号館7階
電話　03-3584-9821
振替　00140-0-69059
印刷・製本　**祥文社印刷株式会社**
ISBN 978-4-86280-198-2

総合法令出版ホームページ　http://www.horei.com